IMPLEMENTAÇÃO DO *BALANCED SCORECARD* NO ESTADO

JORGE CALDEIRA

IMPLEMENTAÇÃO DO *BALANCED SCORECARD* NO ESTADO

Reimpressão da Edição de Janeiro de 2009

ALMEDINA

IMPLEMENTAÇÃO DO *BALANCED SCORECARD*
NO ESTADO

AUTOR
JORGE CALDEIRA

EDITOR
EDIÇÕES ALMEDINA. SA
Av. Fernão Magalhães, n.º 584, 5.º Andar
3000-174 Coimbra
Tel.: 239 851 904
Fax: 239 851 901
www.almedina.net
editora@almedina.net

PRÉ-IMPRESSÃO I IMPRESSÃO I ACABAMENTO
G.C. GRÁFICA DE COIMBRA, LDA.
Palheira – Assafarge
3001-453 Coimbra
producao@graficadecoimbra.pt

Setembro, 2010

DEPÓSITO LEGAL
287362/09

Os dados e as opiniões inseridos na presente publicação
são da exclusiva responsabilidade do(s) seu(s) autor(es).

Toda a reprodução desta obra, por fotocópia ou outro qualquer
processo, sem prévia autorização escrita do Editor, é ilícita
e passível de procedimento judicial contra o infractor.

Biblioteca Nacional de Portugal – Catalogação na Publicação

CALDEIRA, Jorge

Implementação do Balanced Scorecard
no Estado
ISBN 978-972-40-3732-5

CDU 35
     005

*Gerir a performance estratégica
para a criação de valor público*

*Conseguir compreender rapidamente
os aspectos essenciais da metodologia
Balanced Scorecard e perspectivar a sua aplicação
no ambiente dos organismos do Estado português*

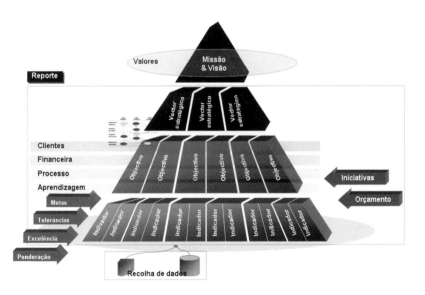

AGRADECIMENTOS

Este livro reflecte um conjunto de experiências na metodologia BSC, num horizonte temporal de 5 anos, só possível de coligir pela participação directa e indirecta de um conjunto de pessoas.

Um agradecimento especial

Em primeiro lugar, à Catarina, à Susana e aos meus Pais pela cedência de Tempo.

Ao Dr. José Furtado pela Oportunidade, Ao Professor Jaime Andrez pela Agenda, Ao INA pelo Campo de Aplicação, Ao Dr. António Almeida pelo Tema, Ao Dr. Godinho de Almeida pelo Pragmatismo, À Eng^a Rita Varandas pelo incentivo à Criatividade, Aos participantes do CAGEP, FORGEP e CADAP, A todos aqueles que se predispuseram a discutir BSC.

Jorge Caldeira

AUTOR

Desde o início da sua carreira, desenvolveu a actividade profissional em estreita ligação com a Administração Pública portuguesa. Nos últimos anos, especializou-se na área de planeamento e sistemas de acompanhamento estratégico.

Durante os últimos 3 anos, foi responsável pela orientação dos participantes dos cursos de alta direcção do Instituto Nacional de Administração na aplicação do modelo de gestão estratégica e na aplicação da metodologia *Balance Scorecard*.

Esteve envolvido na equipa de projecto responsável pela implementação da metodologia BSC no IAPMEI, no Instituto Nacional de Administração e em outras organizações do sector público e privado.

É autor de vários cursos e artigos sobre a metodologia *Balance Scorecard*. Desenvolve também actividade de docente universitário em mestrados, pós-graduações, licenciaturas e de formador nas áreas financeiras e de planeamento e acompanhamento estratégico.

É actualmente Vogal do Conselho de Administração do Centro Português de Design.

PREFÁCIO

A Administração, o Estado, ou o estado da administração, são temas prementes e sempre recorrentes. Em essência, a questão centra-se na necessidade de melhor corresponder aos direitos ou anseios de cidadãos, contribuintes e consumidores. O debate, por regra, contempla as funções inalienáveis do Estado, a forma de afectação dos recursos que intermedeia e a efectiva qualidade dos serviços que proporciona.

Na actualidade, o Estado surge invariavelmente como parte do problema ou da solução, indissociável dos factores que determinam as condicionantes no quadro político-institucional, os padrões de exigência das sociedades, a evolução no perfil demográfico, a natureza das tensões sociais, as alterações climatéricas, o progresso tecnológico, os impactos da globalização, o redesenho das centralidades na economia, a nova ordem nos sistemas financeiros.

Prosseguir o imaginário colectivo de um Estado capacitado para corresponder aos desafios das sociedades modernas, requer clarividência das opções políticas, robustez das soluções institucionais, clarificação nas missões, responsabilização pelos objectivos, racionalidade na utilização dos recursos e comprometimento dos agentes públicos.

Neste contexto sobreleva a importância dos instrumentos de suporte ao bom governo das instituições na prossecução da missão pública, como é o caso da metodologia *Balanced Scorecard*. A sua adopção permite aferir e valorizar os atributos distintivos das organizações, testar e conferir consistência às orientações estratégicas, reformular os processos, promover o alinhamento dos actores críticos e, finalmente, medir os resultados para possibilitar a tomada de decisões com oportunidade.

Estou certo de que esta obra muito contribuirá para divulgar os conceitos relevantes sobre metodologia *Balanced Scorecard*, facilitar a sua aprendizagem e apoiar a utilização, desde logo pela classe política na relação com as estruturas do Estado, naturalmente pelos quadros dirigentes e também pelos técnicos do Estado.

Esta obra beneficia da experiência acumulada ao longo de anos pelo Dr. Jorge Caldeira na implementação do BSC em organizações na órbita pública e o conhecimento que dispõe da aplicação dessa metodologia em dezenas de case *studies* que supervisionou, desenvolvidos por dirigentes das mais variadas instituições do Estado que participaram nos programas do INA – Instituto Nacional de Administração.

José Furtado*

---

* Gestor no Sector Administrativo, Empresarial e Finaceiro do Estado desde 1990.

1. CONCEITOS INTRODUTÓRIOS ESSENCIAIS

Objectivos do capítulo:

- ✓ Compreender a área de planeamento, acompanhamento e prestação de contas no Estado.
- ✓ Perceber os conceitos subjacentes ao modelo de gestão estratégica.
- ✓ A importância da pilotagem estratégica.
- ✓ Conhecer os desafios da implementação da metodologia *Balanced Scorecard* (BSC) no Estado.
- ✓ Formular a base estratégica para a aplicação do BSC.

1.1. Análise e formulação estratégica

1.1.1. *Os documentos do planeamento e prestação de contas no Estado*

Os documentos centrais do planeamento e prestação de contas no Estado têm sido basicamente quatro:

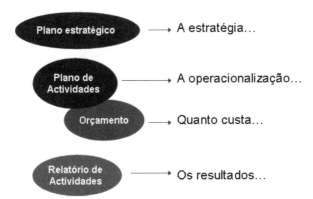

Figura 1. Documentos de planeamento e prestação de contas

Existem, actualmente, no Estado outros documentos que vêm complementar o processo de gestão: Carta de Missão, QUAR – Quadro de Avaliação e Responsabilização e Relatório de Auto-avaliação.

Plano estratégico – Procura definir qual a estratégia da organização a médio longo prazo. Geralmente abrange um intervalo temporal de 3 anos. É claramente um documento de "sonho", nem sempre quantificado objectivamente na sua ambição, e ainda existem muitos organismos do Estado que não o produzem. A não produção deste documento assenta principalmente em dois factores. O primeiro tem a ver com o facto de grande parte do Estado estar mais centrada no cumprimento em excelência da sua missão, enquanto o sector privado assenta na boa execução da estratégia. O segundo factor tem a ver com a inexistência de garantias de recursos humanos, financeiros e materiais, no médio longo prazo, que possam permitir um planeamento sério neste tipo de intervalo de tempo. O Plano Estratégico é um documento dinâmico na medida em que deve reflectir a aprendizagem gerada pela elaboração do Plano de Actividades, da Monitorização, do Relatório de Actividades e de outros impactos relevantes que venham a ocorrer. A produção deste documento é essencialmente uma tarefa da liderança de topo da organização

Plano anual de Actividades – É um documento com um horizonte temporal de 1 ano, que define os objectivos a atingir e a estratégia a seguir, hierarquizando iniciativas, programando acções e mobilizando recursos. A produção deste documento tem geralmente a participação activa das chefias da organização.

Orçamento anual – Não é mais do que a quantificação financeira da ambição proposta pelo Plano de Actividades.

Relatório de Actividades – Tem por objectivo relatar o percurso efectuado pela organização, nomeadamente através da avaliação do grau de concretização dos objectivos e iniciativas previstos no Plano de Actividades. É claramente um documento de prestação de contas.

A sequência temporal destes documentos é basicamente a seguinte:

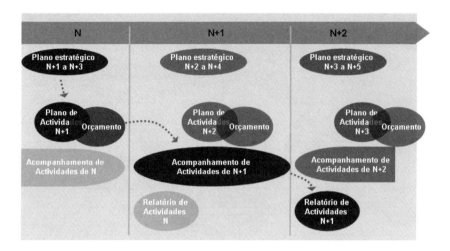

Figura 2. Calendário do planeamento, acompanhamento
e prestação de contas

O acompanhamento de actividades não é mais do que um processo de monitorização da organização para garantir a boa execução dos planos estratégico e de actividades.

1.1.2. O modelo de Gestão Estratégica

A gestão estratégica consiste nas decisões e execuções de gestão, que estabelecem e condicionam o desenvolvimento da estratégia de uma organização e, consequentemente, a sua *performance* a médio e longo prazo.

O modelo de gestão estratégica constitui-se como um modelo cíclico e evolutivo. Basicamente, pode assentar em 5 fases distintas:

1.ª fase – Estudo estratégico
2.ª fase – Formulação estratégica
3.ª fase – Implementação
4.ª fase – Acompanhamento
5.ª fase – Prestação de contas

Figura 3. Modelo de gestão estratégica

Estudo estratégico

Também conhecido por diagnóstico estratégico, tem por objectivo central proceder à análise da envolvente externa e interna da organização e a forma como interagem. Nesta fase, o que importa é conhecer a organização ao nível dos seus recursos (humanos, financeiros e materiais), capacidades e competências e o meio onde ela se encontra inserida. É crítico perspectivar a evolução desse meio, de forma a antecipar ameaças e oportunidades para a organização.

A análise dos *stakeholders* e a análise SWOT constituem duas das principais ferramentas que os gestores utilizam no estudo estratégico.

A análise dos *stakeholders* irá permitir que a organização os conheça e se capacite para gerir indivíduos e entidades que se possam vir a constituir como grupos de pressão capazes de afectar a *performance* estratégica da organização. A análise SWOT permitirá fundamentar as estratégias a seguir pela organização. Um bom estudo estratégico é a base da formulação de uma estratégia de sucesso.

Formulação estratégica

Constitui o passo subsequente ao estudo estratégico e apresenta a estratégia propriamente dita. É na formulação estratégica que se materializa o plano estratégico, definindo-se a missão, a visão, os valores institucionais, as grandes linhas de orientação estratégica, os principais objectivos, as metas e as iniciativas estratégicas.

Implementação

Nesta fase, a organização operacionaliza a estratégia. É considerada uma das fases mais críticas, já que envolve a passagem da teoria à prática. É consubstanciada pela aplicação dos planos de actividade e orçamentos definidos internamente pela organização, sempre sob orientação do plano estratégico e carta de missão da organização.

Acompanhamento estratégico

O plano estratégico entrega as referências, objectivos e metas pelas quais a instituição será monitorizada e avaliada, quer na *performance* da sua actuação, quer no impacto que a instituição tem na sua envolvente.

Este processo de monitorização deve ser contínuo ao longo do ano, permitindo efectuar o acompanhamento e controlo dos objectivos, actividades e iniciativas estratégicas. O controlo consubstancia-se principalmente no *report* que assume especial importância, na medida em que é o meio privilegiado de avaliação do desempenho da instituição sob diferentes perspectivas e dimensões (ex.: regiões, unidades orgânicas, áreas de actuação, departamentos, projectos, etc.).

Prestação de contas

Nesta fase, a organização apresenta o nível de performance dos seus resultados, explica os seus desvios, comenta as medidas tomadas na resolução dos constrangimentos. A prestação de contas tem como objectivo apresentar aos *stakeholders* da organização a forma como esta conseguiu ou não dar cumprimento ao "sonho" estratégico da organização na concretização do seu Plano de Actividades e Orçamento. É nesta fase que os organismos entregam o Relatório de Actividades e Contas. Hoje em dia, enquadrados pelo SIADAP, apresentam também o Quadro de Avaliação e Responsabilização (QUAR), bem como o documento da Auto-avaliação interna. Bem gerido, pode constituir-se como um instrumento de projecção e distinção da organização.

1.1.3. *A fase do estudo estratégico*

A análise dos *stakeholders*

O sucesso estratégico de qualquer organização depende também da satisfação de quem tem interesses na organização. Os *Stakeholders* são indivíduos, grupos de interesses e organizações que disputam o controlo de recursos e resultados de uma organização para proveito dos próprios. A análise de *stakeholders* incide sobre quem tem interesses na organização. Cada *stakeholder* é motivado por um conjunto de objectivos. Na maior parte das vezes, esses objectivos podem ser conflituantes com os objectivos da organização. Outras vezes, poderão existir objectivos comuns. Cabe à organização encontrar a posição de equilíbrio que optimize a relação entre a organização e o *stakeholder,* maximizando a *performance* estratégica da organização. Em termos operacionais, concretiza-se através da identificação de parcerias com *stakeholders* com objectivos comuns que irão permitir alavancar resultados e a identificação das medidas operativas críticas para a gestão do relacionamento com *stakeholders* com objectivos conflituantes. Numa primeira fase, os *stakeholders* podem dividir-se em dois grupos: internos e externos: Internos: quando pertencem à organização e Externos: quando estão fora da organização.

Exemplo: Internos – Conselho de Administração, Directores e Colaboradores em geral. Externos – Clientes, Fornecedores, Governo, Comunidades locais e Público em geral.

A análise dos *stakeholders* pode ser dividida em 7 fases. Uma forma eficaz de proceder a esta análise é através da construção da grelha de análise e matriz de *stakeholders*. Importa em cada uma delas:

1.ª fase – Identificar *Stakeholders*: Identificar todos os *stakeholders* da organização.

2.ª fase – Identificar KPI: os critérios (KPI – Key performance indicators) que cada um deles utiliza para avaliar actualmente e sob a sua perspectiva a organização.

3.ª fase – Quantificar KPI: utilizando os critérios definidos na fase anterior, identificar o grau que os critérios assumem actualmente. Para a identificação do grau, pode ser utilizada uma escala, por exemplo de 1 a 4.

4.ª fase – Nível de interesse dos *stakeholders*: identificar o nível de interesse que os *stakeholders* têm na organização. Por exemplo, utilização da escala de 1 a 4, evitando a classificação central.

5.ª fase – Poder dos *stakeholders*: identificar a capacidade que têm para influenciar (directamente ou indirectamente) a organização. Por exemplo, utilização da escala de 1 a 4, evitando a classificação central.

6.ª fase – Construção da matriz: a matriz dos *stakeholders*, posicionando no respectivo quadrante cada *stakeholder*, com base no seu nível de interesse e capacidade de influência/poder.

	Stakeholders (SH)	Que critérios utiliza para avaliar a Organização?	Dentro desses critérios como é que o SH avalia o desempenho da Organização?	A Organização pode influenciar o Stakeholder?	O SH tem interesse na Organização?	O SH pode influenciar a Organização?
Internos						
Externos						
			1(-) a 4(+)	1(-) a 4(+)	1(-) a 4(+)	1(-) a 4(+)

Figura 5. Grelha de análise dos *stakeholders*

		Nível de Interesse	
		Baixo	Alto
Poder	Pouco	*Esforço Mínimo*	*Manter informado*
	Muito	*Manter satisfeito*	*Gerir em Proximidade*

Figura 6. Modelo de Matriz de análise dos *stakeholders*

7.ª Fase – Identificar medidas: as medidas que a organização deve desenvolver para "satisfazer" cada segmento de *stakeholders* identificado nos quadrantes da matriz, garantindo que cada um deles não irá constituir uma ameaça à execução do plano estratégico e consequentemente à *performance* da organização.

		Nível de Interesse	
		Baixo	Alto
Poder	Pouco	**Esforço Mínimo**	**Manter informado** Funcionários Juntas de freguesia Colectividades Fornecedores Instituições Sociais
	Pouco	*Manter satisfeito* Munícipes Associações de Munícipes Meios Empresarial	*Gerir em Proximidade* Assembleia Municipal Governo Central Partidos Políticos

Figura 7. Exemplo para uma Câmara – Matriz dos *stakeholders*

Conceitos Introdutórios Essenciais

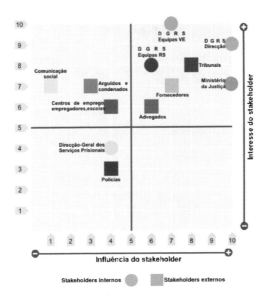

Figura 8. Exemplo FORGEP Algés 2008 G8, Direcção de Serviços de Vigilância Electrónica – Matriz dos *stakeholders*

	Stakeholders (SH)	Que critérios utiliza para avaliar a organização	Dentro desses critérios como é que o SH avalia o desempenho da organização	A organização pode influenciar o stakeholder	O SH pode influenciar a organização	O SH tem interesse na organização	A organização tem interesse no SH
Internos	Docentes	Meios disponibilizados; adequação às competências	80%	4	4	4	4
	Colaboradores não docentes	Condições trabalho; actualização da formação	80%	4	3	4	4
	Órgãos de gestão	Desempenho da organização	60%	4	4	5	5
Intermédio	IPV	Gestão financeira; novos cursos e capacidade para captar alunos	90%	3	5	4	4
	UO's	Disponibilidade para colaboração	100%	1	1	2	3

Stakeholders (SH)	Que critérios utiliza para avaliar a organização	Dentro desses critérios como é que o SH avalia o desempenho da organização	A organização pode influenciar o stakeholder	O SH pode influenciar a organização	O SH tem interesse na organização	A organização tem interesse no SH
	Estudantes	Qualidade da formação Empregabilidade	80%	5	4	4	5
Externos	Associação Estudantes	Disponibilização de recursos para as suas actividades; Qualidade da formação e dos seus serviços prestados	80%	3	3	5	5
	MCTES e DGES	Execução das políticas definidas e cumprimento de normas	90%	1	5	3	4
	ME	Qualidade dos diplomados e qualidade na execução de programas conjuntos	90%	1	2	3	3

Figura 9. Exemplo CAGEP Viseu 2008 G2, Escola Superior de Educação de Viseu – Grelha de análise dos *stakeholders*

Interesse		
	Baixo	**Alto**
Poder **Pouco**	– Unidades Orgânicas – Ministério da Educação – Outras IES (ESE's, UA, UAb, UTAD) – Parceiros Internacionais – Escola B+S distrito – Municipios e freguesias – Associações profissionais – Famílias – Instituições Partic. de Solidar. Social	– Associação estudantes – Colaboradores não docentes – Comunidade – Fornecedores
Muito	– Ministério da Ciência, tecnologia e Ensino Superior – Direcção Geral do Ensino Superior	– Estudantes – Docentes – Órgãos de gestão – IPV

Figura 10. Exemplo CAGEP Viseu 2008 G2, Escola Superior
de Educação de Viseu – Matriz dos *stakeholders*

A análise SWOT

O termo SWOT é uma sigla oriunda do idioma Inglês, constituindo um anagrama de: Forças (*Strengths*), Fraquezas (*Weaknesses*), Oportunidades (*Opportunities*) e Ameaças (*Threats*).

Não há registos precisos sobre a origem deste tipo de análise. Há quem refira que a análise SWOT foi criada por dois professores da Harvard Business School. Por outro lado, também há quem defenda que a análise SWOT já era utilizada há mais de três mil anos, como cita em epígrafe um conselho de Sun Tzu: "Concentre-se nos pontos fortes, reconheça as fraquezas, agarre as oportunidades e proteja-se contra as ameaças " (SUN TZU, "Arte da guerra", 500 aC).

As forças e fraquezas são determinadas pela posição actual da organização e relacionam-se, quase sempre, com factores internos.

As oportunidades e ameaças são antecipações do futuro e estão relacionadas com factores externos.

O ambiente interno pode ser controlado pelos gestores da organização, uma vez que ele é resultado das estratégias de actuação definidas pelos próprios.

O ambiente externo está fora do controle da organização, contudo, apesar de não poder controlar este ambiente, a organização deve conhecê-lo e monitorizá-lo com frequência, de forma a aproveitar as oportunidades e evitar as ameaças.

Os pontos fortes e fracos dependem – única e exclusivamente – das características e do desempenho da organização.

As oportunidades e as ameaças são factores que a organização não pode influenciar, uma vez que dependem apenas do seu ambiente externo.

O cruzamento dos pontos fortes, fracos, ameaças e oportunidades faz-se numa matriz – matriz SWOT – que suporta a análise SWOT.

Os resultados desta análise deverão servir de base à delineação das estratégias a seguir pela organização, ou seja, as grandes linhas de orientação estratégica devem ser extraídas das conclusões da análise SWOT.

		Pontos Fracos					Pontos Fortes				
		Ponto fraco 1	Ponto fraco 2	Ponto fraco 3	Ponto fraco 4	...	Ponto forte 1	Ponto forte 2	Ponto forte 3	Ponto forte 4	...
Ameaças	Ameaça 1										
	Ameaça 2										
	Ameaça 3										
	Ameaça 4										
	...										
Oportunidades	Oportunidade 1										
	Oportunidade 2										
	Oportunidade 3										
	Oportunidade 4										
	...										

Figura 11. Modelo de Matriz SWOT

A colocação do sinal (+) ou (-) sob as colunas "pontos fracos" e "pontos fortes" deve ser feita de acordo com a seguinte legenda:

(+) Interacção positiva: ameaça combatida ou aproveitamento de oportunidade.

(-) Interacção negativa: ameaça potenciada ou oportunidade desperdiçada.

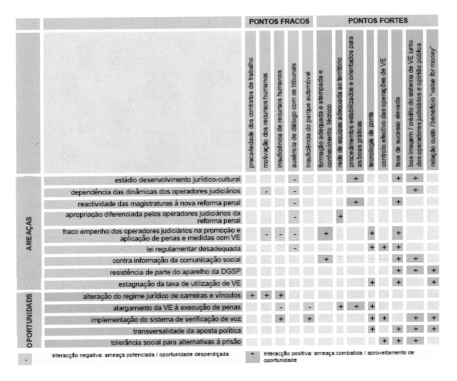

Figura 12. Exemplo FORGEP Algés 2008 G8, Direcção de Serviços de Vigilância Electrónica – Matriz dos Swot

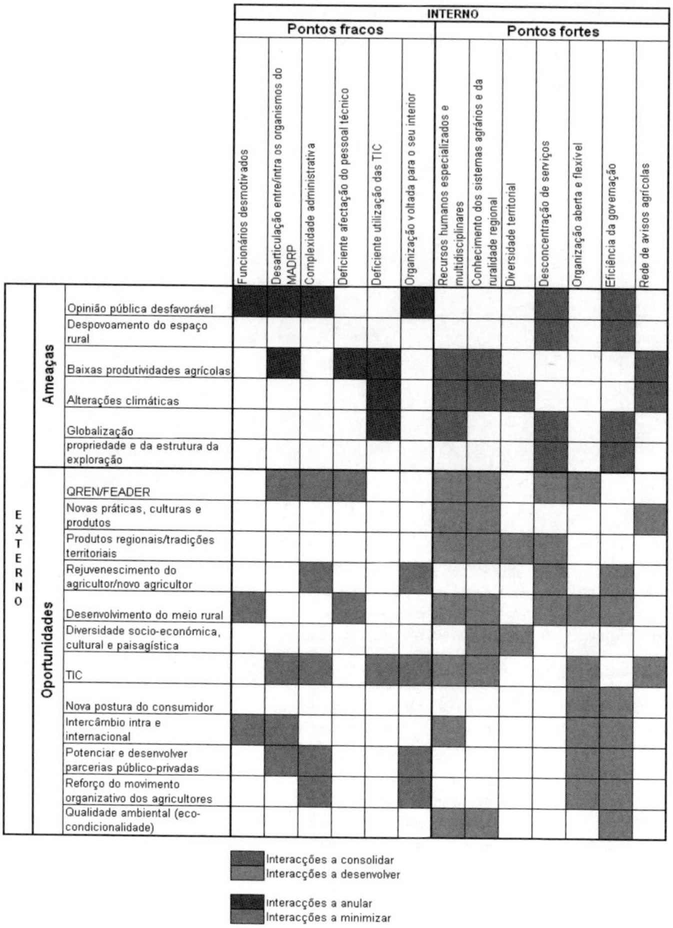

Figura 13. Exemplo FORGEP Porto 2007 G8, Direcção Regional de
Agricultura e Pescas do Norte – Matriz dos Swot

1.1.4. *A fase da formulação Estratégica*

A formulação estratégica, sendo subsequente ao estudo estratégico,
tem por objectivo a construção do plano estratégico da organização.

Neste plano, ficam definidos os seguintes conceitos: a missão, a
visão, os valores institucionais, as grandes linhas de orientação estratégica,
os principais objectivos, as metas e as iniciativas estratégicas.

Este documento reflecte uma visão de médio longo prazo (geralmente 3 anos) e tem por objectivo apresentar as grandes linhas de orientação estratégica essenciais para a construção do Plano de Actividades da organização.

Missão	Quem somos? O que fazemos? *Exemplo: "Desenvolvemos competências de Gestão"*
Visão	Para onde vamos? Como queremos ser reconhecidos? *Exemplo: "Afirmarmo-nos como uma referência a nível nacional no ensino da Gestão"*
Valores Corporativos	Que cultura devemos respeitar? O que é importante para nós? *Exemplos: Qualidade, Inovação, Credibilidade.*
Linhas de Orientação Estratégica	Quais as nossas grandes linhas de acção? Qual o caminho a seguir? Qual o plano de jogo? *Exemplos: Apostar numa formação inovadora, Alinhar com as melhores metodologias internacionais.*
Objectivos	Que objectivos pretendemos alcançar? *Exemplos: Maximizar a capacidade produtiva, Satisfação máxima dos clientes, Racionalização de custos.*
Metas	Qual a nossa ambição? *Exemplos: Formar 4.000 participantes; Obter níveis de excelência na avaliação das acções de formação.*
Iniciativas estratégicas	Que projectos críticos teremos que executar para concretizar a estratégia? *Exemplo: Implementar a vídeoconferência; Aquisição de uma plataforma de e-learning nacional.*

Exemplos da missão de algumas organizações:

Microsoft – "Capacitar pessoas e negócios a alcançarem o seu potencial pleno, por meio do uso da tecnologia da informação e comunicação."

http://www.microsoft.pt, Junho 2007

Google – "Organizar o enorme montante de informação disponível na web e no mundo."

http://www.google.com/profile.html Junho 2007

Ministério da Economia e da Inovação – "... tem por missão conceber, executar e avaliar as políticas dirigidas às actividades económicas, designadamente de produção de bens e prestação de serviços, a energia, o comércio, o turismo, a defesa do consumidor, as políticas de regulação dos mercados e de dinamização do investimento, assim como as políticas horizontais dirigidas à inovação visando a competitividade e internacionalização das empresas portuguesas."

http://www.min-economia.pt, Junho 2007

IAPMEI – "...é o principal instrumento das políticas económicas direccionadas para as micro, pequenas e médias empresas dos sectores industrial, comercial, de serviços e construção, cabendo-lhe agenciar condições favoráveis para o reforço do espírito e da competitividade empresarial."

http://www.iapmei.pt, Junho 2007

A UMIC, Agência para a Sociedade do Conhecimento, IP – "é o organismo público português com a missão de coordenar as políticas para a sociedade da informação e mobilizá-la através da promoção de actividades de divulgação, qualificação e investigação."

http://www.umic.pt, Junho 2007

Exemplos da visão de algumas organizações:

FORGEP Castelo Branco 2007 Grupo 5, DGCI – "CIDADANIA FISCAL JUSTIÇA SOCIAL"

INA, Julho 2007

Grupo EGOR – "Pretendemos ser uma referência na prestação de serviços de consultoria, em termos de ética, confiança, criatividade, crescimento e excelência"

http://www.egor.pt/op1-2.asp Agosto 2007

Universidade de Aveiro – Incubadora de Empresas – "Pretendemos ser uma referência a nível de apoio ao empreendedorismo de base tecnológica, sobretudo no que respeita às áreas tecnológicas e de investigação relacionadas com as competências da Universidade de Aveiro. Aspiramos também contribuir para o desenvolvimento e consolidação das empresas após o período de incubação, de forma a assegurarmos que essa fase foi bem sucedida."

http://www.ua.pt/incubadora/PageText.aspx?id=5102, Agosto 2007

A entrega de Valores a uma organização tem como objectivo dotar os recursos humanos de uma cultura transversal capaz de potenciar a sua intervenção no dia-a-dia, de forma a cumprir os desígnios de longo prazo determinados no âmbito de um plano estratégico ambicioso.

Tal como os pais transmitem Valores aos filhos: respeito, educação, honestidade, trabalho, etc., de forma a criar um melhor ser humano, as organizações, sabendo que o seu desempenho pode ser reforçado, promovem também o estabelecimento de Valores Corporativos para os seus colaboradores.

Outra das razões porque as organizações identificam os Valores e os comunicam tanto internamente como externamente é por esta política estar associada a organizações com práticas organizacionais evoluídas.

Então, o que são os Valores Corporativos?

Os Valores devem referenciar aspectos que definam comportamentos, identifiquem códigos de conduta, promovam atitudes, reconheçam princípios, esclareçam formas de estar. Estes aspectos assumirão o papel de nortear, numa base diária, todos os colaboradores de uma organização, fazendo com que esta esteja mais habilitada a desempenhar em excelência a sua Missão e alcançar a sua Visão.

Exemplos de Valores:

Os Valores utilizados com maior frequência pelas organizações, em geral, são: Imparcialidade, Independência, Transparência, Eficiência,

Entusiasmo, Iniciativa, Trabalho em equipa, Respeito, Satisfação do cliente, Serviço público, Inovação, Criatividade, Qualidade, Orientação para os resultados, Motivação dos colaboradores, Competência, Etc.

Exemplo de Valores prováveis de um Organismo que tem como missão avaliar:

• Independência
• Imparcialidade
• Integridade

As falhas mais comuns praticadas no estabelecimento dos Valores:

Hoje em dia, a generalidade das organizações não investe tempo suficiente no estudo para o estabelecimento dos Valores. As falhas mais comuns são as seguintes:

a) Excesso de Valores;
b) As chefias da organização não participam no processo de identificação dos Valores;
c) Fraca aderência dos Valores às necessidades efectivas da organização;
d) Não explicação dos Valores aos colaboradores;
e) Falta de análise sobre o estado actual de inserção dos Valores;
f) Inexistência de medidas para a criação e reforço dos Valores;
g) Ausência de acompanhamento/monitorização da implantação dos Valores na organização;

Qual é o número ideal de Valores a ser assumido numa organização?

O número de Valores a ser assumido no seio de uma organização não deve exceder um número prático. Em termos funcionais, e para maximizar a sua eficácia, deve apontar-se para a entrega de apenas 4 Valores. A minimização deste número ajuda os colaboradores a focar o que realmente é relevante e facilita aos próprios dirigentes e chefias da organização a monitorização da sua aplicação no seu dia-a-dia.

Hoje em dia, a maioria das organizações entrega geralmente 8 a 10 valores, o que vai originar dispersão na focagem do que realmente é importante para a organização e o posterior desinteresse de todo o código de conduta corporativo.

Conceitos Introdutórios Essenciais 31

Processo de configuração dos Valores Corporativos:

O processo de configuração dos Valores Corporativos faz parte do processo de reflexão estratégica de uma organização, que se irá consubstanciar no Plano Estratégico e, posteriormente, orientar o enquadramento dos seus Planos de Actividades.

Este processo tem como objectivo final comunicar à organização – a todos os seus colaboradores – os valores que devem ser adoptados.

Antes de se avançar para este processo, é crítico que a Missão, Visão, Estratégia e Objectivos estejam muito próximos da sua versão final. É importante que se perceba, sem muitas dúvidas, a ambição da actuação que se perspectiva na Missão, a forma como a organização pretende vir a ser reconhecida (Visão), as linhas de orientação estratégica e os principais objectivos estratégicos da organização.

Uma reflexão sobre as principais críticas e constrangimentos internos mais conhecidos por parte de terceiros, nomeadamente clientes, pode facilitar a identificação dos Valores Corporativos da organização.

Roadmap para a construção dos Valores:

i) Identificação de 8 a 12 Valores que possam ser considerados importantes para a organização, nunca esquecendo a Missão, Visão, Linhas de orientação estratégica e Objectivos estratégicos.

ii) Com a participação das chefias da organização, proceder à eliminação dos Valores menos importantes até se chegar a uma *short list* de apenas 4. Nesta fase, procura-se apenas ficar com os mais importantes. Era excelente que os colaboradores pudessem assumir todos os valores, no entanto, a prática diz-nos que demasiados têm exactamente o mesmo efeito que nenhuns.

iii) Analisar os 4 Valores e colocá-los por ordem decrescente de importância ou urgência. Quais são os de implementação mais urgente? Quais são aqueles que queremos que a organização percepcione como os mais importantes?

iv) Para cada Valor, construir um texto de 3 a 4 linhas que explique aos colaboradores da organização a importância do Valor para o cumprimento da missão da organização.

v) Através de uma análise subjectiva envolvendo as chefias da organização, deve tentar-se avaliar, numa escala de 0 a 100%, o nível actual de inserção de cada Valor nos comportamentos dos colaboradores. Deste processo, deverá sair o estado da arte dos Valores Corporativos.

vi) Para cada Valor, em função do seu nível de implantação, deve identificar-se quais as iniciativas que devem ser conduzidas na organização para que se possa introduzir ou consolidar os Valores. Em função dos Valores que se pretendem criar ou reforçar, estas iniciativas podem constituir-se em: reuniões internas para consolidar comportamentos, acções de formação, estabelecimento formal de normas e procedimentos, utilização da intranet para disseminação de informação relevante e práticas a adoptar, etc.

Dentro de uma cultura de gestão por objectivos, é importante acompanhar no curto prazo (mensal ou trimestral) o nível de implantação dos Valores na organização. Esta é também uma das iniciativas que consolida a implantação dos Valores numa organização. A tão procurada mudança de atitude que se exige no Estado não pode continuar a ser suportada apenas por palavras sem aderência à realidade. Torna-se necessário credibilizar o processo e as intenções, quer internamente quer externamente.

Exemplos dos valores de algumas organizações:

Microsoft	• Integridade e honestidade • Paixão pelos clientes e tecnologia • Abertura, respeito pelos outros • Vontade para os grandes desafios • Auto-criticismo
General Motors	• Melhoria continua • Entusiasmo pelos clientes • Inovação • Integridade • Trabalho em equipa • Respeito e responsabilidade individuais

Fonte: Internet 2007

Conceitos Introdutórios Essenciais 33

	Valores	Estado de arte	Medidas a implementar	Indicador
1	Ética profissional	95%	• Responsabilidade	Percentagem de reclamação das notícias publicadas
2	Qualidade	90%	• sensibilidade	Percentagem de clientes que votam a recorrer aos serviços da direcção
3	Inovação	80%	• formação ou investigação	N.º de processos ou documentos inovadores N.º de cursos de formação frequentados horas de formação
4	Credibilidade	90%	• divulgação	N.º de notícias publicadas

Figura 14. Exemplo FORGEP Porto G7 2008 – Faculdade
de Engenharia da Universidade do Porto – DCI – Valores

1.2. Acompanhar a *performance* estratégica

1.2.1. *Estratégias orientadas para a criação de valor*

Actualmente, as organizações situam-se num quadro que se caracteriza pelos seguintes factores:

- Pressão constante para a reforma do Estado.
- Exigência crescente na qualidade do serviço para os seus clientes/
  /utentes.
- Necessidade de melhoria do desempenho interno das organizações.
- Rapidez das mudanças – globalização.
- Complexidade crescente da envolvente externa.

Neste enquadramento, importa que as estratégias:

- Estejam orientadas para o cliente.
- Promovam a criação efectiva de valor.
- Assegurem a sustentabilidade da organização.

34 *Implementação do Balanced Scorecard no Estado*

Torna-se assim crítico apresentar a vantagem competitiva da organização. Esta vantagem corresponde à criação de valor na sua intervenção/ /serviço, ou seja, acontece quando o benefício percebido na sua intervenção/serviço pelo cliente, é superior ao seu custo.

A apresentação pelos organismos de estratégias com pouco valor acrescentado tem, geralmente, como consequência no médio e longo prazo, a sua extinção ou integração noutros organismos, a sua divisão ou a retirada de algumas das suas competências.

1.2.2. *A importância do acompanhamento da estratégia*

Um dos factores críticos no sucesso das estratégias passa pela própria implementação da estratégia, pois nem sempre as organizações conseguem executá-la. Torna-se assim fulcral garantir a existência de meios internos para a sua implementação.

Não existindo recursos, pode deixar de fazer sentido que a organização possa aspirar a uma ambição estratégica, já que, à partida, pode estar condenada pela inexistência de meios críticos.

De forma a garantir o sucesso da implementação do plano estratégico, torna-se imprescindível o acompanhamento, no curto prazo, da implementação e execução da estratégia.

A complexidade da envolvente, a rapidez com que esta se altera e o nível de exigência que caracteriza a nossa sociedade actual, obrigam a que as organizações disponham de instrumentos capazes de acompanhar a estratégia no curto prazo, sob pena das alterações externas e internas serem já um dado adquirido e inviabilizarem a boa execução do plano estratégico.

Existem actualmente um conjunto de ferramentas que podem ser utilizadas para o acompanhamento da estratégia. A metodologia BSC surge como uma ferramenta possível e que tem tido uma excelente aceitação nas organizações privadas e públicas.

1.3. Como surge a necessidade do BSC

1.3.1. *Quem são os autores do BSC*

A metodologia BSC foi proposta por Robert Kaplan (professor da Universidade de Harvard) e David Norton (consultor de empresas) através de um artigo – "The Balanced Scorecard – Measures That Drive Performance" – publicado na Harvard Business Review, em 1992.

O modelo BSC surgiu para dar resposta a um conjunto de problemas comuns às organizações, um dos quais consistia na gestão exclusivamente assente em indicadores financeiros.

Existe uma grande desvantagem em colocar o enfoque exclusivamente nos indicadores financeiros, já que este tipo de gestão promove comportamentos que apenas valorizam a *performance* de curto prazo em detrimento da *performance* de médio longo prazo.

O termo "scorecard" deriva do facto de o acompanhamento da estratégia se realizar através de um *report* periódico, onde a *performance* dos objectivos estratégicos e respectivos indicadores referentes a um determinado período de análise é visualizada à semelhança de um *tableau de bord*. O *report* constitui um instrumento de "pilotagem" fundamental para a divulgação de resultados, discussão de constrangimentos e apresentação de soluções.

O BSC define que num *report* devem constar, para além dos indicadores financeiros, medidas para os activos intangíveis (valores, competências, conhecimento, sistemas de informação, bases de dados, redes, cultura, liderança, alinhamento dos colaboradores, trabalho de equipa), medidas de *performance* do processo operacional e medidas relativas aos clientes. Estes indicadores serão os *drivers* fundamentais, capazes de explicar, em termos não financeiros e com alguma antecipação, o sucesso ou insucesso dos principais indicadores financeiros.

1.3.2. *Como se desenvolveu a metodologia BSC*

O BSC aparece, numa primeira versão, como um sistema que equilibra indicadores de *performance* financeira com indicadores de *performance* não financeira, dando origem a três novas perspectivas (Clientes, Processos e Aprendizagem), a somar à já existente perspectiva financeira.

O BSC procura também balancear as perspectivas externas (Financeira e Clientes) com as perspectivas internas (Processo e Aprendizagem), os indicadores de médio longo prazo com os indicadores de curto prazo e os indicadores de resultado com os indicadores de acção. Daqui advêm a origem do nome "Balanced" (equilibrado).

Posteriormente, constatou-se que as organizações estavam a utilizar o BSC, não só para medir a *performance* de uma forma equilibrada mas, principalmente, para implementar com sucesso novas estratégias.

Vários estudos documentaram que a implementação de novas políticas estratégicas nas organizações tende, na maioria dos casos e pelos mais variados motivos, a falhar. Os colaboradores da organização não compreendem a estratégia, os sistemas de prémios não estão associados à execução da estratégia, os orçamentos das organizações não focam a estratégia e as chefias de topo passam muito pouco tempo por mês a discutir a estratégia.

O BSC evolui então de uma ferramenta de medição balanceada para uma ferramenta de gestão da estratégia. Para assegurar o sucesso, importa não só garantir a boa implementação da estratégia, mas também garantir a gestão da própria estratégia, de forma continuada. Estes dois objectivos serão atingidos se os colaboradores estiverem motivados e alinhados para adoptarem e participarem na estratégia. Surge aqui o conceito de "organização orientada para a estratégia".

Os últimos desenvolvimentos do BSC, suportados na experiência das organizações que têm utilizado esta metodologia, apostam forte no alinhamento dos activos intangíveis como a chave para a criação de valor sustentável. A relação entre pessoas, tecnologia e clima organizacional são o garante futuro do desempenho de sucesso dos objectivos do processo, clientes e financiador. Assim, o gestor deve focar a sua gestão na transformação dos activos intangíveis em resultados concretos. Em 2006, foi também identificado como crítico ao sucesso da implementação do BSC o alinhamento da organização com a estratégia e a metodologia. O último livro dos autores lançado em 2008 vem focar os aspectos centrais para a articulação da estratégia com os seus principais *drivers* – as operações.

Figura 15. Evolução da metodologia BSC

1.4. O que propõe na prática o BSC

1.4.1. *Como traduzir para comunicar a estratégia*

Ao introduzir-se a metodologia BSC na organização, desencadeia-se todo um processo de sistematização da estratégia. Importa esclarecer que o BSC não tem por finalidade a formulação da estratégia da organização. No entanto, existem organizações que se suportam na metodologia BSC para definir a própria estratégia. Este processo de sistematização tem por objectivo simplificar para clarificar a estratégia dentro da instituição.

Uma das primazias associadas ao BSC é que a estratégia deve ser do conhecimento de todos. Assim, importa clarificá-la, para que a sua comunicação seja o mais eficaz possível.

A correcta implementação da metodologia BSC numa organização assenta em dois pressupostos críticos. O primeiro refere que toda a estratégia deve ser clarificada ao ponto de qualquer elemento da organização poder entendê-la percebendo exactamente como pode contribuir para o seu sucesso. O segundo diz-nos que a metodologia BSC irá simultaneamente constituir-se como um instrumento de monitorização para o acompanhamento da *performance* estratégica e operacional.

De que serve ter uma estratégia simples e objectiva, se a grande maioria dos colaboradores da organização não a conhece? Como podem os colaboradores contribuir melhor para a concretização dos objectivos da organização, se não os compreendem? A comunicação da estratégia a toda a organização vem colmatar estas falhas dando a conhecer a estratégia a todos os colaboradores.

A tradução da estratégia consiste na materialização da metodologia BSC num *report* de acompanhamento da *performance* estratégica – mapa *scorecard* (também conhecido por mapa estratégico), onde os objectivos estratégicos da organização estão posicionados numa matriz, orientados na horizontal pelas perspectivas (Cliente, Financeira, Processos e Aprendizagem) e disciplinados verticalmente pelos vectores estratégicos, relacionando-se entre si através de relações de causa-efeito. Os objectivos estratégicos serão avaliados através da análise dos indicadores que lhes forem atribuídos, confrontando os resultados obtidos com as metas previamente negociadas na organização.

Num cenário normal, a tradução da estratégia para o BSC deve iniciar-se após a estabilização do plano estratégico. Poderá não fazer muito sentido a construção do mapa estratégico sem que esta peça esteja na sua versão final.

A seguir, a tradução deve articular-se com a construção do plano de actividades e o orçamento. A identificação das iniciativas, a análise do seu impacto nos objectivos e a sua orçamentação são aspectos críticos para a consolidação do plano de actividades, do orçamento e a sua fundamentação e defesa.

No entanto, são raras as organizações que iniciam a implementação da metodologia BSC após a construção do Plano Estratégico. Muitas fazem-no simultaneamente, apoiando-se na própria metodologia BSC para ajudar na formulação estratégica e outras introduzem a metodologia BSC ajustando esta aos planos já existentes. Qualquer uma delas poderá constituir-se como uma implementação de sucesso.

1.4.2. *Articulação entre os objectivos estratégicos*

Ao posicionar os objectivos estratégicos da organização numa matriz orientada horizontalmente pelas quatro perspectivas (Cliente, Financeira, Processos e Aprendizagem) e, verticalmente, pelas grandes linhas de orientação estratégica – também conhecidos por vectores estratégicos – a metodologia BSC, para além de conseguir articular e equilibrar os objectivos da organização, consegue ainda "desenhar" a estratégia, facilitando a sua comunicação por toda a organização.

Existe uma relação explícita entre as quatro perspectivas: boa *performance* nos objectivos da aprendizagem induz melhorias nos processos internos, que por sua vez têm impacto nos resultados financeiros e geram melhorias na organização aos olhos dos clientes.

Cada perspectiva pode ser explicada através de uma única questão (ver quadro abaixo). As respostas às várias questões serão dadas através dos objectivos estratégicos que a organização pretende alcançar.

Perspectiva	Questão
Cliente	Quais os objectivos a atingir para satisfazer os Clientes?
Financeira	Quais os objectivos a atingir para optimizar os recursos e ainda contribuir para a satisfação do cliente?
Processo	Quais os objectivos a atingir para que o processo da organização seja excelente e consiga assim satisfazer o cliente e contribuir para os objectivos financeiros?
Aprendizagem	Quais os objectivos a atingir para motivar e entregar competências aos colaboradores garantindo a excelência nos processos internos?

Importa que estes objectivos sejam claros e acima de tudo quantificáveis.

1.4.3. *A importância da clarificação do impacto das decisões de gestão*

A metodologia BSC pressupõe um acompanhamento periódico da execução da estratégia. A organização poderá dispor agora de um instrumento que lhe permite seguir o impacto das suas acções e decisões operacionais nos objectivos estratégicos. Este acompanhamento, geralmente com frequência mensal ou trimestral, permite que, no curto prazo, a organização possa comparar a sua *performance* com as metas previamente definidas. Só desta forma, a organização poderá reflectir e compreender como está a evoluir no cumprimento dos seus grandes objectivos estratégicos e, eventualmente, tomar as medidas necessárias para garantir a sua concretização e/ou proceder a ajustamentos da estratégia decorrentes da aprendizagem gerada no processo ou mesmo de alterações da envolvente. A utilização de indicadores para a medição das intenções que se encontram reflectidas nos objectivos estratégicos permitirá clarificar para todos a *performance* organizacional.

A metodologia BSC pressupõe que, no mapa estratégico, a relação entre os objectivos seja explicada pelas relações causa-efeito, permitindo compreender claramente o impacto das decisões de gestão nos diferentes níveis de objectivos.

A possibilidade de ligar coerentemente as grandes orientações estratégicas com o detalhe do orçamento anual da organização, irá permitir eliminar o *gap* comum à maior parte das organizações que consiste em colocar a estratégia num patamar inacessível e "desligado" da realidade de curto prazo da organização. A ligação ao orçamento é a peça-chave para uma melhor alocação de fundos, fundamentada na priorização de iniciativas/acções com impacto concreto na estratégia.

1.5. O BSC no Estado

1.5.1. *A medição da* performance *na AP*

O BSC assume-se como um modelo avançado de gestão por objectivos, mas nem sempre as organizações têm necessariamente de estar aptas para a sua utilização.

Existem organizações que têm claramente vantagens em começar a utilizar a metodologia BSC para o acompanhamento da sua estratégia. Geralmente, um dos factores de escolha centra-se na procura da exposição dos resultados como forma de projecção e distinção do seu impacto e dos métodos de gestão avançados.

Não é crítico que se introduza a metodologia no seu formato final. É perfeitamente válido proceder-se de forma a que, ao aplicar-se a metodologia, se façam as adaptações necessárias para que a ferramenta BSC respeite as especificidades próprias das organizações e dos seus colaboradores.

A metodologia deve ser adaptada à organização e não o inverso. Só assim é que o BSC poderá vir a constituir um instrumento útil na condução estratégica e operacional das organizações.

1.5.2. Benefícios da aplicação do BSC na AP

Existe claramente uma vantagem na aplicação desta metodologia aos organismos e unidades orgânicas do Estado. Numa primeira fase, os principais benefícios podem abranger os seguintes pontos:

- **O acompanhamento, no curto prazo, da *performance* estratégica da organização** – a metodologia BSC pressupõe um acompanhamento periódico da execução da estratégia. Este acompanhamento, geralmente com uma frequência que pode ir de mensal a quadrimestral, permite que, no curto prazo, os gestores da organização possam aferir acerca da *performance* estratégica da mesma.
- **A prontidão na identificação das causas de eventuais desvios da estratégia**. Ao fazer um acompanhamento, pode reflectir, compreender e antecipar a evolução no cumprimento dos seus objectivos estratégicos e, eventualmente, tomar as medidas correctivas e preventivas para garantir a sua concretização e/ou proceder a ajustamentos da estratégia, decorrentes da aprendizagem gerada no processo ou mesmo de alterações da envolvente.
- **A disseminação da estratégia na organização**. A estratégia deixa de ser um assunto do topo da instituição. O seu conteúdo e conceitos passam a fazer parte da linguagem comum da organização. Todos os colaboradores podem e devem conhecê-la bem, participar na sua operacionalização e responsabilizar-se pelo seu acompanhamento.

Conceitos Introdutórios Essenciais   41

- **O alinhamento dos colaboradores chave da organização com a estratégia**. Ao disseminar-se a estratégia, clarificam-se o caminho, os objectivos e os meios. As vantagens inerentes à organização de ter todos os seus colaboradores orientados na mesma direcção são óbvias.
- **A focalização dos colaboradores na concretização dos objectivos estratégicos**. Promovendo uma cultura assente na gestão por objectivos, o BSC ajuda a que os colaboradores da organização e os seus líderes se concentrem no que realmente é essencial. Neste caso, o cumprimento dos desígnios do Plano Estratégico.

1.5.3. *Desafios à implementação e aplicação do BSC*

Importa não esquecer que a metodologia BSC foi concebida nos EUA por americanos e para o sector privado. Existem diferenças culturais entre os EUA e Portugal, como também existem diferenças profundas entre o sector privado e o sector público. Mesmo dentro do sector público português existem diferenças entre os vários organismos.

A implementação da metodologia BSC no Estado constitui um enorme desafio. O grau de complexidade do processo de implementação é muito superior ao do sector privado. Esta complexidade pode ter origem em vários factores:

- As organizações públicas estão coladas aos ciclos políticos que são geradores de momentos de inexistência, indefinição ou suspensão da estratégia. Em determinados momentos temporais, existem ciclos de mudança dentro do mesmo ciclo político.
- Nem sempre é dada a importância ao que poderá ser o papel da organização a longo prazo. Muitas vezes, as organizações são pressionadas a premiar a *performance* operacional em detrimento da *performance* estratégica de médio e longo prazo.
- Os resultados da *performance* das organizações são do interesse público. Por vezes, a exposição desses resultados pode ser complexa.
- Existem inúmeros *stakeholders* com interesse e poder na organização.
- Muitas organizações não têm recursos nem capacidade para cumprir os objectivos definidos superiormente nas grandes linhas orientadoras da tutela.

- Na maior parte das vezes, os resultados demoram mais tempo a surgir do que no sector privado.
- No Estado, existem momentos em que a capacidade das organizações motivarem os colaboradores é baixa ou nula.

2. DESENHAR EFICAZMENTE O MAPA ESTRATÉGICO

Objectivos do capítulo:

✓ Perceber a importância do mapa estratégico.
✓ Garantir a eficácia na comunicação do mapa estratégico.
✓ Relacionar os objectivos estratégicos.
✓ Compreender os desafios da aplicação do BSC em cascata

Neste capítulo, vamos compreender a principal ferramenta da metodologia Balanced Scorecard – Mapa estratégico – enquanto instrumento de comunicação estratégica para toda a organização e instrumento de monitorização da *performance* da organização.

2.1. O papel do mapa estratégico

2.1.1. *Explicar, comunicar e fazer entender a estratégia*

A metodologia BSC facilita a tradução da estratégia para toda a organização, através da construção de um *report* de acompanhamento de *performance* estratégica – mapa *scorecard*, também conhecido por mapa estratégico.

Uma das funções primordiais do mapa estratégico consiste em facilitar a explicação da estratégia dentro da organização. Esta peça procura também constituir-se como uma ferramenta eficaz no acompanhamento da *performance* organizacional.

A explicação da estratégia na metodologia BSC terá em atenção o equilíbrio entre:

• o curto prazo e o médio-longo prazo;
• a componente financeira e a componente não financeira;
• as áreas internas e externas da organização;
• os indicadores de acção e os indicadores de resultados.

Este equilíbrio torna mais fácil explicar, partilhar e fazer entender a estratégia. O alinhamento estratégico será mais eficaz entre os colaboradores da organização. Todos saberão qual é o caminho que a organização pretende percorrer e como se poderá fazê-lo. A estratégia passa a ser do conhecimento de todos ou, pelo menos, daqueles que mais directamente podem contribuir para a sua concretização – actores críticos.

Nos dias de hoje, onde os recursos são escassos e as mudanças rápidas, só as organizações eficientes é que podem aspirar à eficácia. Importa assim que sejam mais fortes e, para isso, devem unir-se cada vez mais em relação à concretização dos seus objectivos estratégicos. O trabalho em equipa, a responsabilização e a eficiência ganham uma nova perspectiva.

2.1.2. *Medir objectivamente a eficácia da estratégia*

A medição da eficácia da estratégia é efectuada através da análise da *performance* dos objectivos, ou seja, do seu grau de concretização.

As organizações necessitam de perceber se estão realmente a cumprir a missão e se irão atingir a visão que definiram. Precisam de perceber o ponto de situação do grau de execução do seu plano estratégico e operacional, entender a forma como os objectivos estão a ser cumpridos, perceber o seu nível de concretização, quem contribui, onde está a excelência e quais os constrangimentos.

Todas estas questões precisam de ser respondidas de forma continuada e no curto prazo. Não faz sentido analisar o grau de concretização do plano estratégico no final de cada ano. Se assim o fizessem, as organizações perderiam a oportunidade de corrigir os desvios atempadamente, de identificar tendências, de apresentar medidas correctivas e preventivas, ou seja, de aumentar a probabilidade de sucesso. O acompanhamento é geralmente efectuado com frequência igual ou superior ao quadrimestre (quadrimestral, trimestral, bimensal e mensal).

O mundo de hoje exige aos gestores que acompanhem as suas organizações ao momento, minuto a minuto.

O mapa estratégico é elemento crítico na condução das reuniões de acompanhamento e discussão estratégica da organização, permitindo suportar a apresentação dos resultados e confrontá-los com as metas inicialmente previstas.

O mapa estratégico pretende assim simular um *cockpit* de um avião, permitindo aos gestores da organização conduzi-la rumo à sua visão.

2.1.3. *Analisar as causas dos desvios positivos e negativos*

Para que os desvios constituam um elemento activo e não um mero desfile de números, torna-se necessário identificar as suas origens. A metodologia BSC vai permitir que a organização consiga apurar, de uma forma muito clara e intuitiva, os desvios às intenções do seu plano estratégico e as respectivas causas.

Numa primeira fase, os gestores obtêm resposta às questões mais críticas de um processo de pilotagem estratégica:

- Quais os desvios que estão a ocorrer na estratégia?
- Quais as suas causas?
- Porquê que é que aconteceram?
- Como é que cada unidade orgânica está a contribuir para a solução?

Evidenciado o problema, a organização inicia uma segunda fase que se caracteriza pela:

- Identificação de medidas que devem ser tomadas para corrigir o desvio estratégico.
- Identificação de quem (unidades orgânicas e colaboradores) vai participar de forma activa nessas medidas.
- Definição dos compromissos que vão ser assumidos. Constitui, basicamente, um assumir de responsabilidades, o que vai ajudar a concretizar o desafio.
- Atribuição de prémios à excelência. Isto é essencial para que a motivação não se desvaneça e se mantenha o nível de desempenho desejado.

2.2. Construção do mapa estratégico

2.2.1. *Perspectiva dos Clientes, Financeira, Processo e Aprendizagem*

Como já vimos no ponto anterior, o mapa estratégico é a ferramenta que torna possível o acompanhamento estratégico. Constitui um *tableau du bord* em matriz, onde os objectivos estratégicos da organização gerando relações entre si, se encontram disciplinados na horizontal pelas perspectivas (Cliente, Financeira, Processos e Aprendizagem) e enquadrados verticalmente pelos vectores estratégicos.

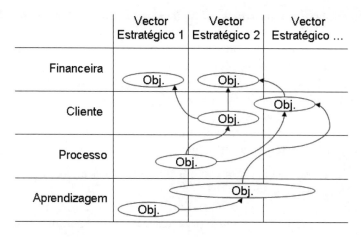

Figura 16. Mapa estratégico (Mapa *scorecard*)

Os objectivos estratégicos são avaliados através da análise dos indicadores que lhes são atribuídos.

O modelo clássico do BSC tem 4 perspectivas:

- Perspectiva Financeira
- Perspectiva dos Clientes
- Perspectiva dos Processos
- Perspectiva de Aprendizagem

Cada perspectiva pode ser explicada através de uma questão:

Perspectiva	Questão	Resultado
Financeira	Que objectivos devo atingir para satisfazer os meus financiadores?	Accionistas satisfeitos
Clientes	Que objectivos devo atingir para satisfazer as necessidades dos meus Clientes e atingir os objectivos Financeiros?	Clientes encantados
Processos	Que objectivos devo atingir para que os meus processos sejam mais eficientes, de modo a conseguir satisfazer os meus Clientes e os objectivos Financeiros?	Processos eficientes
Aprendizagem	Que objectivos devo atingir para motivar e preparar os meus colaboradores?	Colaboradores motivados e preparados

As respostas a estas questões são dadas através dos objectivos associados a cada perspectiva.

Existe uma relação explícita entre as 4 perspectivas:

A boa *performance* nos objectivos da aprendizagem induz melhorias nos processos internos que, por sua vez, geram melhorias na organização aos olhos dos clientes e, por fim, tem impacto nos resultados financeiros.

2.2.2. Posicionamento das perspectivas no Estado

A Administração Pública é claramente diferente do sector privado.

	Sector Privado	Estado
Factor crítico de sucesso	Valor para o accionista	Excelência do desempenho no cumprimento da Missão
Objectivos Financeiros	Quota de mercado, Rendibilidade, Criação de riqueza, etc...	Produtividade, eficiência, redução de custos, etc...

No Estado, nem sempre é a perspectiva financeira que surge no topo. Na maioria dos casos, é a perspectiva dos clientes que assume esse lugar. A perspectiva financeira pode assumir uma das três posições abaixo, mas o mais comum é surgir em 2.º lugar ou mesmo em último. Raramente a perspectiva financeira assume a 3.ª posição. No entanto, qualquer posição é válida, desde que se consiga fundamentar a relação causa-efeito entre as perspectivas e os seus respectivos objectivos.

Existem casos, quer no sector privado quer no sector público, em que o número de perspectivas desce para três ou sobe para cinco, com a eliminação ou a criação de uma nova perspectiva. É também comum alterarem-se as designações das próprias perspectivas. Exemplo: Perspectiva Financiador para Perspectiva Financeira ou para Perspectiva do Valor, etc.

48 *Implementação do Balanced Scorecard no Estado*

Em jeito de conclusão, no Estado, o mapa estratégico pode assumir a seguinte estrutura:

Perspectiva	Questão	Resultado
Clientes	Que objectivos devo atingir para satisfazer as necessidades dos meus Clientes (Utentes, Cidadãos, Contribuintes)?	Clientes encantados
Financeira	Que objectivos devo atingir para optimizar os recursos financeiros e/ou contribuir para a satisfação dos clientes?	Optimização dos recursos financeiros
Processos	Que objectivos devo atingir para que os meus processos sejam mais eficientes de modo a conseguir optimizar os meus recursos e ainda satisfazer os meus Clientes?	Processos eficientes
Aprendizagem	Que objectivos devo atingir para motivar e preparar os meus colaboradores?	Colaboradores motivados e preparados

2.2.3. Introdução dos vectores estratégicos no mapa estratégico

Os vectores estratégicos são as grandes linhas orientadoras da organização. Representam o caminho que deve ser seguido pela organização durante o horizonte temporal do seu plano estratégico, para que a missão se cumpra e a organização consiga ver a sua visão concretizar--se. Muitas vezes, os vectores estratégicos não são mais do que macro objectivos da organização.

O número de vectores estratégicos não deverá exceder os cinco. Esta limitação tem como objectivo exclusivo facilitar a construção do mapa estratégico, pois quanto maior for o número de vectores estratégicos, mais complexa será a matriz estratégica. Podemos considerar como ideal a apresentação de três vectores estratégicos. Muitas organizações optam por não trabalhar em matriz no mapa estratégico, eliminado o enquadramento dado pelos vectores estratégicos. Podemos considerar esta abordagem como uma solução de simplificação, com o intuito adicional de potenciar uma comunicação mais eficaz.

Desenhar Eficazmente o Mapa Estratégico 49

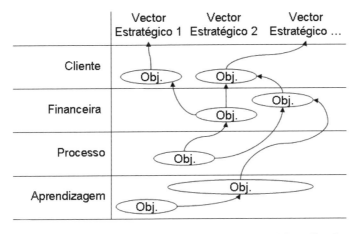

Figura 17. Mapa estratégico com Vectores estratégicos ligados a objectivos

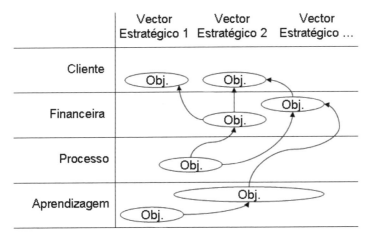

Figura 18. Mapa estratégico sem enquadramento dos vectores estratégicos

Esta decisão assenta no princípio da simplificação como forma de garantir a eficácia da transmissão da estratégia a todos os colaboradores.

Muitas vezes, surgem dúvidas em relação à necessidade de apresentação dos vectores estratégicos no mapa *scorecard*. A apresentação dos vectores estratégicos no mapa estratégico ajuda a recordar as grandes apostas da organização para os próximos anos. Existem organizações que medem a própria *performance* dos vectores através da medição da concretização dos objectivos.

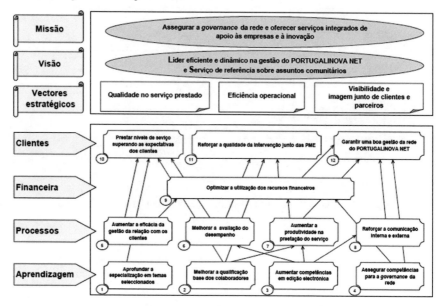

Figura 19. Forgep Beja 2007 G3, Euro Info Centres – Mapa estratégico

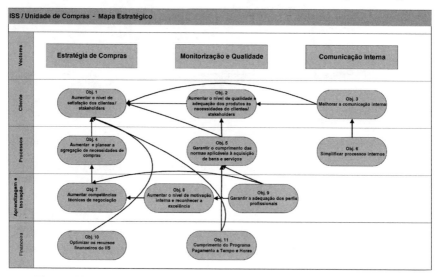

Figura 20. Forgep Algés 2008 G5, Instituto da Segurança Social, I.P., Unidade de Compras – Mapa estratégico

Desenhar Eficazmente o Mapa Estratégico

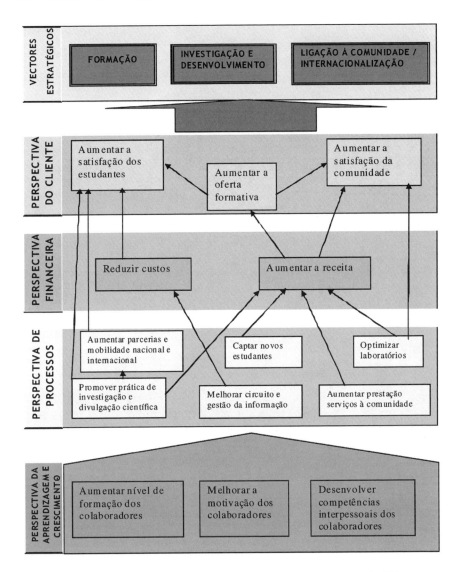

Figura 21. Exemplo CAGEP Viseu 2008 G2, Escola Superior de Educação de Viseu – Mapa estratégico

52 *Implementação do Balanced Scorecard no Estado*

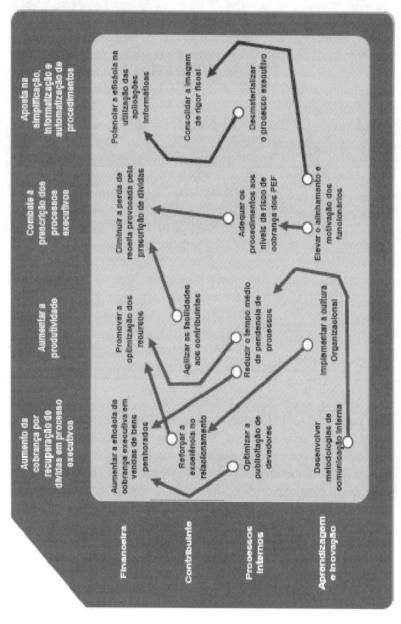

Figura 22. Exemplo FORGET Porto DGCI Turma 6 de 2008 G4, Secção de Execuções Fiscais do Serviço de Finanças – Mapa estratégico

Desenhar Eficazmente o Mapa Estratégico 53

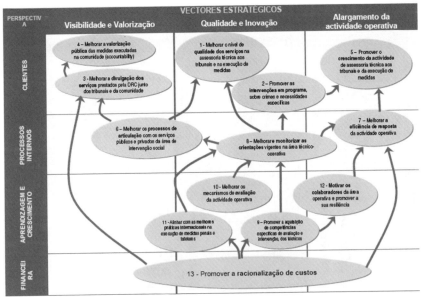

Figura 23. Exemplo FORGEP Coimbra 2008 G4, DELEGAÇÃO REGIONAL DO CENTRO da DIRECÇÃO-GERAL DE REINSERÇÃO SOCIAL – Mapa estratégico

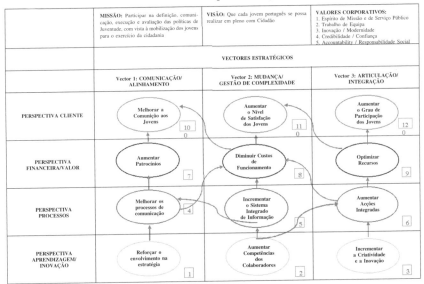

Figura 24. Exemplo FORGEP Algés 2008 G4, Instituto Português da Juventude – Mapa estratégico

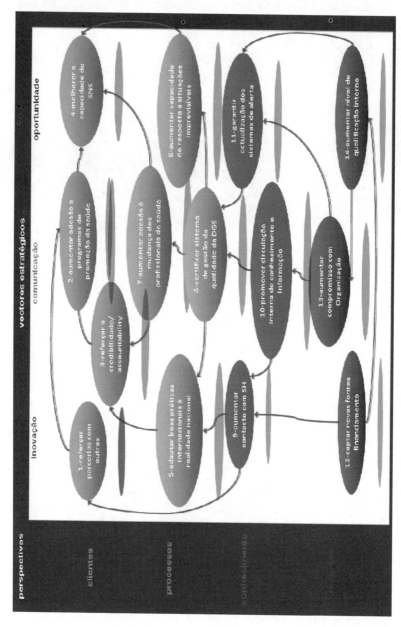

Figura 25. Exemplo FORGEP Algés 2008 G3, Direcção-Geral da Saúde (Catarina Venâncio, David Gouveia, Ludovina Coelho, Nina Santos, Paulo Morbey) – Mapa Estratégico

2.3. Objectivos estratégicos

2.3.1. *Como traduzir a estratégia para o mapa scorecard*

Os objectivos estratégicos constituem um dos elementos críticos do processo de implementação do BSC. São eles que irão permitir comunicar as intenções estratégicas aos colaboradores da organização.

Os objectivos podem assumir intenções mais estratégicas, com origem no plano estratégico e intenções mais operacionais, com origem no plano de actividades e orçamento.

Os objectivos devem expressar, de forma clara, uma intenção. Exemplos de verbos que ilustram correctamente intenções e que, como tal, podem ser utilizados na definição dos objectivos estratégicos são: aumentar, diminuir, melhorar, optimizar, reduzir, eliminar, entregar, garantir, captar, agilizar, reforçar, etc.

Um dos erros mais comuns na construção dos mapas estratégicos é exactamente a confusão que se gera em torno dos objectivos e das iniciativas (ou projectos estratégicos).

Exemplos:
Objectivo da perspectiva de aprendizagem: "Entrega de competências de gestão" versus Iniciativa: "Promover uma acção de formação em Gestão".

Objectivo da perspectiva de processo: "Agilizar processos internos" versus Iniciativa: "Implementar um sistema de informação para melhorar o processo".

Promover acções de formação é a iniciativa que a organização deve efectuar para conseguir concretizar a entrega de competências na organização. Da mesma forma, a implementação do sistema de informação é que permitirá atingir o objectivo de agilizar os processos internos.

No entanto, não se pode considerar errado a utilização de algumas iniciativas no mapa estratégico em lugar dos respectivos objectivos. Apesar do mapa estratégico ser um mapa de objectivos, algumas organizações optam por não ser tão puristas e deixam que figurem no mapa *scorecard* algumas iniciativas. Esta decisão tem a ver com três aspectos:

i) Com a eficácia na comunicação interna da tradução da estratégia para a organização.
ii) Com a dificuldade de medir de forma credível os objectivos subjacentes às iniciativas.

iii) Com a certeza que a própria execução física é por si suficiente para garantir os objectivos que estão subjacentes às iniciativas.

Assim, cabe à equipa de implementação decidir o nível de pureza com que irá construir o seu mapa estratégico, tendo sempre por referência que, muitas vezes, é mais eficaz manter o enfoque no sucesso da comunicação do que na aplicação pura da metodologia. Apenas a experiência irá consolidar este aspecto, deixando para segundo plano a variável académica.

No entanto, se pretendermos trabalhar em conjunto com objectivos e iniciativas no mapa estratégico, é possível fazê-lo criando para isso uma compatibilização entre ambos, nomeadamente na avaliação de *performance* e de execução física:

	Objectivos *Medir performance*	Iniciativas *Medir execução física*
⬤	Objectivo superado	Iniciativa adiantada ao calendário
⬤	Objectivo cumprido	Iniciativa dentro do calendário
⬤	Objectivo em risco	Iniciativa ligeiramente atrasada
⬤	Objectivo falhado	Iniciativa muito atrasada

Importa ainda que no mapa estratégico seja sinalizado com uma pequena legenda aqueles que são efectivamente objectivos e aqueles que são iniciativas.

2.3.2. Como construir os objectivos estratégicos para as perspectivas

Objectivos da perspectiva dos Clientes:

Em primeiro lugar, há que identificar quais são os clientes da organização. Só após esta identificação poderemos começar a questionar-nos relativamente a como satisfazer os nossos clientes. A resposta a essa questão deve ser materializada em objectivos que irão constar do mapa estratégico.

Existindo um espectro elevado de clientes com interesses diferenciados, importa sistematizar a informação que irá permitir identificar o fio condutor dos objectivos que realmente satisfazem os clientes.

A proposta de valor para o cliente assenta em três pilares básicos:

* Atributos do Produto/Serviço: preço, qualidade, disponibilidade e funcionalidade.
* Relacionamento: serviço e parceria.
* Imagem: marca.

Exemplos de objectivos da Perspectiva dos Clientes:

* "Diminuição dos tempos de espera.";
* "Aumento do nível de qualidade do serviço.";
* "Aumentar os níveis de satisfação dos clientes.";
* Etc.

Objectivos da perspectiva Financeira:

No Estado, o cumprimento dos objectivos da perspectiva financeira nem sempre geram efeitos nos objectivos dos clientes, mas é sempre desejado por alguns dos *stakeholders* mais importantes da organização. A maior parte destes objectivos centram-se na optimização dos recursos financeiros.

Exemplos de objectivos da Perspectiva Financeira:

* "Redução de custos.";
* "Captação de novas receitas.";
* "Optimização de recursos financeiros.";
* "Aumento da produtividade.";
* Etc.

Objectivos da Perspectiva do Processo:

Na perspectiva do processo, torna-se crítico identificar objectivos que, sendo atingidos, possam gerar eficiência na execução das actividades internas da organização com directo impacto nos objectivos das perspectivas financeira e dos clientes.

Importa assim identificar os processos internos críticos nos quais a organização deve procurar alcançar a excelência.

Exemplos de objectivos da Perspectiva do Processo:

* "Diminuição do n.º de dias dos processos.";
* "Agilização de processos internos.";
* "Aumentar o n.º de parcerias externas.";
* "Melhorar o nível de gestão das equipas.";
* Etc.

Objectivos da Perspectiva de Aprendizagem:

Na perspectiva de aprendizagem, existe uma preocupação em medir as competências técnicas e relacionais e a motivação dos colaboradores.

Os objectivos desta perspectiva oferecem a infra-estrutura que possibilita a consecução de objectivos ambiciosos nas outras três perspectivas. A infra-estrutura pode ser decomposta em três aspectos:

* Humano – existência de competências, motivação, conhecimento e valores para a execução das actividades necessárias à estratégia.
* Informação – existência de sistemas de informação para suportar a estratégia.
* Organização – capacidade de mobilizar e suster processos de mudança necessários para a execução da estratégia.

Exemplos de objectivos da Perspectiva de Aprendizagem:

* "Reforço/Aumento de competências.";
* "Aumento do nível de motivação interna.";
* "Aumento do nível de implantação dos valores corporativos.";
* Etc.

2.3.3. *Aspectos críticos a ter em conta na definição dos objectivos*

A boa identificação dos objectivos estratégicos é crítica para todo o processo de implementação do BSC numa organização. Os objectivos estratégicos são um dos elementos que geram mais opiniões diferencia-doras no seio de uma organização e, consequentemente, o eventual desin-teresse ou não identificação com o mapa estratégico.

Importa assim que a construção dos objectivos estratégicos obedeça a alguns critérios, como serem:

- Claros e concisos – os objectivos não devem ser dúbios, de forma a que não gerem dúvidas nos colaboradores nem deixem espaço para a discussão da abrangência do seu alcance. Os objectivos definem-se melhor se forem sucintos e precisos.
- Ambiciosos, mas alcançáveis – a partir do momento em que os objectivos se tornam demasiado ambiciosos, os colaboradores deixam de se interessar pelo mapa estratégico, já que, à partida, está comprometida a concretização desses objectivos.
- Correlacionados entre si – a não existência de relações causa-efeito nos objectivos retira uma das características mais importantes e inovadores desta metodologia: todos os objectivos devem estar relacionados entre si. Esta característica facilita a explicação da estratégia a todos os colaboradores. Os objectivos que não gerem relações com outros objectivos, devem ser eliminados do mapa estratégico.
- Passíveis de mensuração – qualquer objectivo deve poder ter um indicador capaz de quantificar a sua *performance*. Caso não seja possível identificar um indicador válido para um determinado objectivo, este deve ser excluído do mapa estratégico.

Os objectivos estratégicos devem estar perfeitamente enquadrados na sua respectiva perspectiva, isto é, não podem existir objectivos que estejam abrangidos por mais de uma perspectiva. Assim, cada objectivo deve pertencer, em exclusivo, a uma das quatro perspectivas. Relativamente aos vectores estratégicos, um objectivo pode ser disciplinado por mais que um vector estratégico. Quer isto dizer que o mesmo objectivo pode contribuir para mais que um vector estratégico.

2.4. Relações causa-efeito

2.4.1. *Como funcionam as relações causa-efeito*

As relações causa-efeito explicam, no mapa estratégico, as correlações existentes entre os objectivos estratégicos das quatro perspectivas. Constituem uma peça crítica que irá permitir explicar a estratégia dentro da organização, identificando detalhadamente como cada objectivo pode ajudar na concretização de outros objectivos.

Estas relações devem corresponder a correlações positivas e de preferência de coeficiente 1. No entanto, a prática diz-nos que dificilmente se consegue correlações desse coeficiente. O importante é que a correlação seja positiva e clara para todos os colaboradores, de forma a uniformizar ao máximo as conclusões dentro da organização.

Uma das formas de garantir um bom mapa estratégico passa pela disciplina na definição de relações causa-efeito. Deve evitar-se excesso de relações causa-efeito, já que em grande número apenas tornam complexo e consequentemente pouco comunicativo o mapa estratégico. Não é necessário identificar todas as relações causa-efeito, basta apenas apresentar as mais fortes.

Uma relação causa-efeito deve sempre responder à seguinte premissa: "Se... então."

Exemplo:

Se aumentarmos o nível de compreensão das necessidades dos nossos clientes, **então** poderemos aumentar a eficácia das nossas propostas.

Se dotarmos os nossos colaboradores de competências de relacionamento adequadas, **então** poderemos aumentar o nível de satisfação dos nossos clientes.

Se aumentarmos o nível de utilização dos nossos sistemas de informação, **então** poderemos diminuir os custos de deslocação.

Em termos gráficos, a relação causa-efeito é dada por uma seta que parte de um objectivo e atinge um outro objectivo.

2.4.2. Regras para o estabelecimento das relações causa-efeito

Os objectivos vão gerando relações dentro da própria perspectiva e de perspectiva em perspectiva, sempre em sentido ascendente ou lateral.

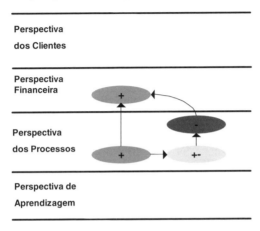

Figura 26. Relações causa-efeito

Os objectivos da aprendizagem podem contribuir directamente para objectivos das perspectivas financeira ou clientes. Os objectivos da perspectiva do processo podem contribuir directamente para a perspectiva dos clientes.

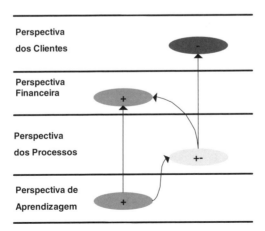

Figura 27. Relações causa-efeito

Um objectivo pode gerar efeitos em vários objectivos com ele correlacionados.

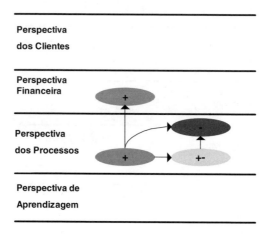

Figura 28. Relações causa-efeito

Outra regra a ter em conta é que não devem existir relações causa-efeito com sentido descendente ou com dois sentidos. A primeira situação altera a lógica explicativa das relações causa-efeito das próprias perspectivas, o que torna mais complexo o entendimento da estratégia. Muitas vezes, esta situação indica que a perspectiva de baixo deve subir, garantindo assim o sentido ascendente das relações causa-efeito. A segunda situação gera indecisão na análise das causas dos contributos dos objectivos estratégicos.

Não devem existir objectivos sem relações causa-efeito, nem objectivos de perspectivas que não a de topo que terminam as suas relações causa-efeito, não gerando mais contributos para cima. Na primeira situação, teríamos objectivos que estariam "sós" no mapa estratégico, isto é, não identificariam a forma como podem contribuir para os outros objectivos. Na segunda situação, teríamos objectivos que "ficariam pelo caminho", não identificando também como contribuem para as perspectivas de topo.

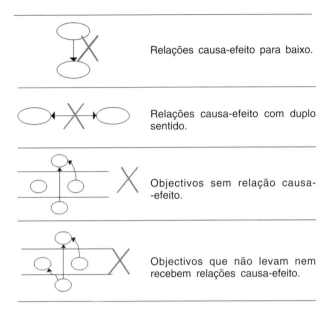

Figura 29. O que não se deve fazer na relações causa-efeito

2.4.3. Análise das relações causa-efeito

As relações causa-efeito permitem perceber as causas da não concretização dos objectivos estratégicos.

Quais as causas das falhas nas relações causa-efeito?

Porque é que objectivos com *performance*s medíocres contribuem para que um objectivo tenha uma boa *performance*? Porque é que objectivos com boa *performance* contribuem para que um objectivo tenha uma *performance* medíocre?

Figura 30. Quais as causas das falhas nas relações causa-efeito?

As causas destas situações podem ter origem em:

- Objectivos com fraca relação causa-efeito – não existe correlação entre os objectivos. A existir, essa correlação é praticamente nula; são os denominados objectivos independentes.
- Indicadores desajustados dos objectivos – os indicadores que medem a *performance* dos objectivos não são os melhores para aferir o grau de concretização dos objectivos.
- Metas muito ambiciosas/pouco ambiciosas – As metas são demasiado ambiciosas (impossíveis de alcançar) – ou pouco ambiciosas (facilmente alcançáveis).
- Desfasamento temporal de resultados nos indicadores – existe um *gap* temporal no processo de concretização dos objectivos, isto é, a frequência de acompanhamento estratégico não coincide com a concretização dos objectivos estratégicos.

2.5. Mapa corporativo, da unidade orgânica e mapa individual

2.5.1. *Qual a melhor solução para os organismos do Estado*

Cada organismo do Estado tem as suas próprias especificidades. O que pode ser considerado uma melhor prática para uma organização pode não sê-lo para outras.

Assim, através da preparação prévia de um diagnóstico, a equipa de projecto responsável pela implementação da metodologia BSC leva em linha de conta as particularidades da organização. Este diagnóstico deve identificar as especificidades relativas à Tutela, à Gestão, aos Recursos e aos Colaboradores.

Também é crítica a identificação de todos os constrangimentos à aplicabilidade da metodologia BSC, bem como a definição do nível de abrangência, profundidade e complexidade que se pretende na sua aplicação.

Este diagnóstico deve ainda debruçar-se sobre a identificação dos factores críticos de sucesso para a implementação da metodologia.

A arquitectura escolhida para o diagnóstico deve então identificar os três aspectos centrais da implementação:

- Abrangência.
- Profundidade.
- Complexidade.

Apesar da metodologia BSC postular que esta é uma ferramenta que serve para todos, nem sempre a implementação mais eficaz é aquela que envolve, numa primeira fase, todo o organismo.

Assim, importa definir com clareza a **abrangência** da implementação, isto é, quem irá estar de facto em BSC (exemplo: que unidades orgânicas, que colaboradores).

A **profundidade** deve esclarecer até que nível será implementado a metodologia BSC: Corporativo, Unidades Orgânicas, Equipas, Indivíduos. Quanto maior o nível de profundidade, maior também será o nível de complexidade do processo.

A **complexidade** define o nível de detalhe que o projecto deve assumir. Nas primeiras implementações, deve, a todo o custo, evitar-se a promoção de projectos excessivamente complexos e pormenorizados. A simplificação do processo de abordagem à metodologia BSC é claramente um factor crítico de sucesso.

Este tipo de abordagem garante que a ferramenta BSC se torne:

- mais simples – melhor compreendida e absorvida pelos colaboradores.
- mais ágil – mais rapidamente adaptável às especificidades da organização.
- tenha maior aceitação – mais eficaz, o que se traduz em maior sucesso.

Deve sempre validar-se uma intervenção que se venha a expandir e completar suportada nas necessidades originadas internamente. Isto é, os desenvolvimentos devem surgir com o objectivo de suprir as necessidades de informação geradas internamente.

2.5.2. *Quais as diferenças na implementação top-down e bottom--up*

A implementação do BSC pode configurar uma das seguintes tipologias de intervenção: *top-down* ou *bottom-up*.

A implementação *top-down* assenta no pressuposto de que, em primeiro lugar, procede-se à construção do mapa estratégico corporativo, isto é, de toda a organização. Só depois se passará à construção dos mapas estratégicos de cada uma das unidades orgânicas. Esta é claramente a tipologia de implementação mais robusta, já que os *scorecards* das unidades orgânicas são construídos tendo por referência orientadora o *scorecard* corporativo.

A implementação *bottom-up* assenta numa abordagem inversa da primeira. Numa primeira fase, são construídos os *scorecards* das unidades orgânicas e só depois se constrói o *scorecard* corporativo. Esta abordagem é claramente a menos sólida, já que o mapa corporativo é feito no sentido inverso. Muitas vezes, não se consegue assegurar a consistência estratégica ideal. No entanto, a implementação *bottom-up* é a mais aplicada. A sua escolha está subjacente à decisão de testar primeiro a implementação do BSC ao nível de uma unidade orgânica, assumindo esta uma função de teste-piloto com efeito demonstrador. Depois de garantido o sucesso, passa-se então à disseminação geral pela organização. É claramente uma decisão mais conservadora tida em conta por muitas organizações que ainda desconfiam dos efectivos benefícios da metodologia BSC.

Em geral, as unidades orgânicas escolhidas para esta implementação apresentam chefias propensas a novos processos e métodos de gestão e têm, geralmente, actividades e iniciativas que não se intimidam com a apresentação pública dos seus resultados.

Qualquer uma das tipologias de implementação é válida. Caberá à chefia do projecto analisar e seleccionar aquela que poderá trazer resultados efectivos à organização.

2.5.3. Consistência estratégica no *cascading*

Quando as organizações optam pelo "*cascading*", isto é, a construção de um modelo integrado de *scorecards* entre as unidades orgânicas e a organização em geral (modelo corporativo), importa garantir que exista consistência estratégica a todos os níveis do modelo. A forma mais eficaz de o fazer é analisando o nível de coerência e robustez que lhes estão associados.

A **coerência** pode ser explicada pelo nível de harmonia e conformidade entre os mapas *scorecards* das unidades orgânicas e o mapa *scorecard* corporativo. Deve ser clara a forma como as unidades orgânicas estão "coladas" estrategicamente às orientações do mapa corporativo, isto é, de que forma as unidades orgânicas contribuem para a prossecução dos objectivos estratégicos do corporativo. Os mapas das unidades não se devem "desviar" das orientações estratégicas do mapa principal.

A **robustez** é dada pela cobertura do modelo estratégico geral, isto é, pela forma como os *scorecards* das unidades orgânicas conseguem cumprir todas as intenções estratégicas assumidas no mapa corporativo. Não devem existir objectivos estratégicos do corporativo sem uma efectiva correspondência dos objectivos das unidades.

O processo de validação da consistência estratégica é complexo e consumidor de tempo. Constitui, basicamente, um processo de teste de validação de objectivos e indicadores. Deve ser sempre feito nos dois sentidos: corporativo ➔ unidade; unidade ➔ corporativo.

Qualquer alteração estruturante deve ser imediatamente analisada no modelo, para que se possam identificar as alterações que devem ser feitas nos vários *scorecards*.

3. MEDIR OS RESULTADOS DA ESTRATÉGIA

<u>Objectivos do capítulo</u>:

- ✓ Compreender os aspectos críticos dos indicadores.
- ✓ Alinhar os indicadores com os objectivos.
- ✓ Compreender a importância de estabelecer metas ajustadas à ambição estratégica.
- ✓ Compreender a análise da performance dos objectivos.

Neste capítulo, vamos compreender a importância de quantificar o nível de *performance* estratégica das organizações através da atribuição de indicadores aos objectivos do mapa estratégico.

3.1. Construção de indicadores de medição da performance

3.1.1. *Aspectos críticos a ter em conta na construção dos indicadores*

Como vimos anteriormente, os indicadores medem o nível de concretização dos objectivos. A questão é saber quais os indicadores que devem ser definidos.

Características essenciais dos indicadores:

- Medirem correctamente o objectivo – apesar de existirem objectivos cuja medição é uma tarefa muito complicada, o indicador deve ser capaz de aferir, o melhor possível, a *performance* do objectivo. Ou seja, importa que os indicadores sejam de facto pertinentes para os objectivos.
- Serem fiáveis – a informação para o cálculo do indicador deve ser de origem credível, de forma a evitar a descredibilização do seu resultado e o consequente desinteresse.

- Serem baratos – o apuramento do resultado não deve ser muito consumidor de tempo nem caro. Importa que o cálculo do resultado não obrigue o responsável pelo seu apuramento a ter que parar de trabalhar para passar a medir. Importa também que exista uma relação custos/benefícios que seja interessante para a organização. Não podemos gastar 10 unidades para obter informação que apenas vale 9 unidades.
- Serem simples – quanto mais simples forem os indicadores, maior será o nível de aceitação por parte dos seus responsáveis e mais eficazmente será a estratégia explicada através do mapa estratégico.
- Envolverem informação acessível – a informação para o cálculo do indicador não deve ser de difícil acesso. No caso de um indicador que meça a *performance* de um objectivo de uma determinada unidade orgânica, a informação para o cálculo do indicador deve, preferencialmente, estar localizada no seio dessa unidade. Evita-se assim que uma unidade dependa de outras unidades para o apuramento do resultado.
- Abrangerem um intervalo de tempo identificado – o indicador deve garantir que o resultado apurado reflecte, inequivocamente, um intervalo específico de tempo.
- Terem um responsável designado capaz de actuar sobre os indicadores – é de máxima importância que esteja perfeitamente identificado um responsável pelo resultado do indicador. Este responsável pode ser um indivíduo, uma equipa ou uma unidade orgânica.
- Terem a unidade de medida correctamente identificada – as unidades de medida podem ser as seguintes: números absolutos (n.º); Percentagens/Pesos/Crescimento (%); Índices (ex.: 1,21); *Ratings (ex.; 0 a 100, 1 a 10, etc)*; *Rankings* (1.º, 2.º, etc.); Monetárias (€, m€, M€); Dias; Horas; etc.

Muitas vezes, pergunta-se quantos indicadores deve ter um objectivo. A resposta é simples – deve ter aqueles que permitam medir o objectivo na sua intenção ou, pelo menos na componente principal da sua intenção. Quer isto dizer que não existe um número pré-definido. A solução óptima passa por existir apenas um indicador por objectivo, uma vez que simplifica o entendimento da *performance* do objectivo. No entanto, nem sempre é possível e acaba-se por termos de colocar vários indicadores para um objectivo. Importa aqui também existir bom senso, não sobrecarregando os objectivos com demasiados indicadores, tornando mais complexo o entendimento da sua *performance*.

3.1.2. Tipos de indicadores

Indicadores de resultados

Os indicadores de resultados medem, em concreto, a *performance* do objectivo estratégico.

No quadro abaixo, estão identificados alguns indicadores que podem ser utilizados para medir objectivos estratégicos.

Nem sempre é possível atribuir o melhor indicador, pois este por vezes é demasiado complexo, ou caro, ou não existe informação disponível para o apuramento do seu resultado. A solução passa por tentar encontrar o melhor indicador possível face aos constrangimentos.

Muitas vezes, as organizações abdicam de determinados objectivos nos seus mapas estratégicos, uma vez que a atribuição de um indicador para o seu aferimento é demasiado problemática.

Exemplos de indicadores:

Objectivo	Indicador
Diminuição dos tempos de espera	• N.º de dias de redução do tempo de espera • Tempo médio de espera
Aumento do nível de qualidade do serviço	• Taxa de qualidade do serviço • Taxa de reclamações à qualidade do serviço
Redução de custos de exploração	• % de redução de custos de funcionamento • Valor da redução de custos de funcionamento
Captação de novas receitas	• Valor das novas receitas
Agilização de processos internos	• N.º de processos internos melhorados
Aumentar o n.º de parcerias externas	• N.º de parcerias externas
Aumento de competências	• Índice de *competências* • Taxa de cumprimento do plano de formação para aumento de competências
Aumento do nível de motivação interna	• Índice de motivação interna
Aumento do nível de implantação dos valores corporativos	• Taxa de implantação dos valores corporativos *(Medido por inquérito)*

Indicadores de Acção

Nem sempre os indicadores de resultados conseguem explicar, de forma clara para todos, os resultados de determinados objectivos estratégicos. Muitas vezes, alguns colaboradores têm dificuldade em compreender como podem contribuir diariamente para a concretização de determinados objectivos estratégicos.

Nestas situações, torna-se necessário associar outros indicadores com poder explicativo que ajudem na tradução dos indicadores de resultados em acções concretas, permitindo que os colaboradores da organização possam compreender e actuar sobre eles, contribuindo para os objectivos estratégicos.

Os indicadores de acção (também conhecidos por indutores) têm por função explicar como foi alcançado o resultado (valor do indicador de resultados).

Referem-se basicamente a factores que impulsionam o desempenho dos indicadores de resultados (ex: tempo, qualidade, preço, n.º de processos, etc.). Não são mais do que indicadores operacionais detentores de poder explicativo directo em relação aos indicadores de resultados.

Os indicadores de acção são quase sempre indicadores de curto prazo e geralmente suportam os indicadores de resultado dos objectivos das Perspectivas do Processo e Aprendizagem.

No quadro abaixo, estão identificados alguns indicadores de acção passíveis de serem utilizados para explicar os indicadores de resultados.

Exemplos:

Objectivo	Indicador de Resultado	Indicador de Acção
Diminuição dos tempos de espera	N.º de dias de redução do tempo de espera	% de processos com atraso superior a 5 dias
Aumento do nível de qualidade do serviço	Taxa de qualidade do serviço	Taxa de satisfação relativamente ao serviço k
Redução de custos de exploração	% de redução de custos de funcionamento	% de redução do economato
Captação de novas receitas	Valor das novas receitas	N.º de novas fontes de financiamento negociadas e assinadas
Agilização de processos internos	N.º de processos internos melhorados	N.º de processos internos em alteração

Objectivo	Indicador de Resultado	Indicador de Acção
Aumentar o n.º de parcerias externas	N.º de parecerias externas	N.º de parcerias identificadas
Aumento de competências	Índice de *competências*	Taxa de adequabilidade da acção de formação y
Aumento do nível de implantação dos valores corporativos	Taxa de implantação dos valores corporativos	Taxa de implantação do valor k

3.2. A definição de metas, tolerância e excelência

3.2.1. *Definição da frequência de acompanhamento estratégico*

A frequência do acompanhamento estratégico identifica a periodicidade com que a organização analisa os seus resultados, confrontando-os com as metas estabelecidas inicialmente.

O acompanhamento estratégico reflecte um momento onde se processa uma reunião em que as chefias e os colaboradores que se encontram em metodologia BSC se reúnem para apresentar os resultados, analisar os desvios e eventualmente apresentar as soluções correctivas. Basicamente, deve ser um momento de reflexão, onde se tenta perceber o que correu muito bem, o que correu mal, o que pode vir a correr mal e como vamos corrigir o que está mal.

As frequências de acompanhamento estratégico mais comuns são: quadrimestral, trimestral, bimensal e mensal. Uma frequência de acompanhamento semestral não faz sentido, pois não permite à organização acompanhar, no curto prazo, o seu plano estratégico.

Nos primeiros momentos de implementação da metodologia BSC, aconselha-se que a frequência do acompanhamento estratégico seja elevada (por exemplo: mensal), para que se consiga encontrar falhas no mapeamento estratégico mais rapidamente, nomeadamente ao nível dos objectivos, das relações causa-efeito e dos indicadores, e para que essas falhas possam ser corrigidas rapidamente.

À medida que a organização tem o processo metodológico mais sólido, a frequência pode começar a ser mais espaçada (exemplo: passar de mensal para trimestral), para que o próprio momento do acompanhamento ganhe peso e seja considerado um momento solene.

3.2.2. Definição de metas

As metas quantificam o nível de desempenho a atingir para o cumprimento do objectivo estratégico.

Numa primeira fase, o estabelecimento das metas passa-se a nível do plano estratégico. A este nível, as metas são estabelecidas anualmente até ao final do horizonte temporal do plano estratégico. É com a construção do plano de actividades que as metas estabelecidas para o primeiro ano do plano estratégico devem agora ser fraccionadas pelos períodos de acompanhamento estratégico.

Desta forma, se a organização decidir que pretende proceder ao acompanhamento estratégico mensal, deve decompor as metas anuais do plano estratégico e de actividade em metas mensais, caso contrário, não poderá confrontar os resultados do mês com a meta. Este processo designa--se por construção de metas intercalares.

Existem determinados momentos temporais no ano em que as organizações têm sistematicamente menos actividade. É muito importante não descurar a sazonalidade da actividade da organização e o seu impacto nas metas.

É também crítico que as metas estejam ajustadas à realidade vigente e aos recursos disponíveis. Metas demasiado ambiciosas bloqueiam as organizações, pois pode tornar-se praticamente impossível para os colaboradores atingir esses níveis muito exigentes de desempenho.

Existe sempre a possibilidade de alterar metas durante o percurso. Basta, para tal, que as chefias da organização aprovem a sua alteração. Poderá não fazer sentido manter metas que não se moldem a novas realidades. Quando as organizações optam por não alterar metas, impondo níveis de ambição à organização demasiado elevados, é geralmente sinónimo que exista uma estratégia para colocar a organização ou unidades orgânicas numa posição de procurar a inovação de processos de forma a superar o constrangimento. É nesses momentos que as organizações promovem os saltos qualitativos, encontrando soluções inovadoras. Outras vezes, reflectem momentos em que os líderes das organizações não têm espaço para negociar com a sua tutela alterações de ambição dos seus planos estratégicos e operacionais. Pode também acontecer que o não ajustamento de metas reflicta simplesmente a crença por parte dos líderes da organização de que é possível atingir a ambição.

3.2.3. *Justificação da tolerância para o alerta e a excelência*

A tolerância indica a margem "aceitável" de desvio do resultado face à meta. Tem por objectivo constituir-se como um "alerta" face a um eventual incumprimento do desempenho ideal do objectivo.
Geralmente, a tolerância é definida em "função da meta", mas pode também ser definida como "valor do resultado".

Exemplo:

Objectivo	Redução de custos de exploração
Indicador	% de redução de custos de funcionamento
Meta	35%
Tolerância para alerta	10% (em função da meta)

Ou seja, se o resultado se situar em 31%, a *performance* do objectivo será abaixo da meta e da tolerância. 10% de 35% equivale a 3,5%, logo qualquer resultado abaixo de 31,5% será "vermelho".
Se a tolerância fosse 10% (valor do resultado), a *performance* do objectivo seria dentro da tolerância. Se o resultado fosse abaixo de 25% (35% – 10% = 25%), então o resultado será "vermelho".
Existe uma regra muito simples para o estabelecimento das tolerâncias:

- 10% para todos os indicadores em geral;
- 5% para os indicadores críticos que a organização e/o as unidades orgânicas não podem falhar de forma alguma;
- 15% para os indicadores que podem ser afectados por "terceiros" ou cujos recursos existentes para potenciar o seu desempenho são escassos ou não são garantidos.

Sempre que surgirem dificuldades na definição de metas por não existirem valores históricos de referência ou aquelas se apresentarem com previsões extremamente voláteis, a solução pode passar pelo aumento da tolerância. Desta forma, a unidade orgânica ou a equipa não vê o seu desempenho imediatamente no "vermelho".
A excelência pode ser identificada quando a meta é ultrapassada numa determinada % (Exemplo: resultados acima de 30% da meta. Cada caso terá que ser analisado individualmente, de modo a apurar-se a carga de esforço que separa o simples cumprimento do objectivo da excelência).

76 *Implementação do Balanced Scorecard no Estado*

Em termos gráficos, a excelência pode ser identificada com uma cor (exemplo: azul). À semelhança da tolerância, também pode ser definida em "função da meta" ou definida como "valor do resultado".

Exemplo:

Objectivo	Captação de novas receitas
Indicador	Valor das novas receitas
Meta	500.000 euros
Tolerância para alerta	10% (em função da meta)
Excelência	+200.000 euros (em função do resultado)

3.3. Objectivos com mais que um indicador

3.3.1. *Evitar a análise subjectiva*

Na análise do mapa estratégico, os objectivos estratégicos devem permitir que se possa aferir, de forma clara e inequívoca, a sua *performance*. Deve evitar-se adoptar formas de análise subjectiva para os objectivos do mapa estratégico.

Facilmente se percebem as desvantagens e riscos inerentes a uma análise subjectiva por vários intervenientes relativamente ao grau de desempenho dos objectivos estratégicos do mapa *scorecard*.

Envolvendo várias unidades orgânicas, dificilmente existiria consenso sobre o nível de contributo dos diferentes indicadores e objectivos no desempenho global.

Importa assim assegurar que o modelo de leitura da *performance* estratégica é totalmente transparente e gera o acordo de todos os intervenientes.

3.3.2. *Avaliação da performance dos objectivos*

Como já vimos anteriormente, a análise da *performance* dos objectivos é efectuada através de indicadores.

Apesar do ideal ser um objectivo por indicador – já que esta situação é claramente mais simples, o que potencia o sucesso da implementação, na maior parte dos casos, o nível de desempenho dos objectivos estratégicos é calculado recorrendo a mais do que um indicador.

Na realidade, são raros os objectivos que têm apenas um indicador. O cenário mais comum é um objectivo ter entre dois a cinco indicadores.

Geralmente, utiliza-se uma escala de quatro cores para descrever o "estado" do objectivo:

- Vermelho – objectivo falhado
- Amarelo – objectivo em risco.
- Verde – objectivo cumprido.
- Azul – objectivo superado

No caso de existir mais do que um indicador por objectivo, devem dar-se pesos relativos aos indicadores. Caberá à equipa de implementação propor qual dos indicadores tem maior importância ou se todos têm o mesmo peso para o objectivo.

Atribuindo pesos aos vários indicadores, a análise do objectivo deve ser depois efectuada através de uma média ponderada, o que permite reflectir a forma como os diferentes indicadores contribuem para a avaliação do desempenho do objectivo. Desta forma, a organização identifica os aspectos mais críticos para a concretização dos objectivos.

3.3.3. Modelo de scoring

O modelo de *scoring* permite eliminar a subjectividade da análise do desempenho dos objectivos estratégicos. É um modelo matemático que estabelece os critérios reguladores para a aferição do grau de concretização dos objectivos.

Exemplo:

Indicador	Resultado (a)	Meta (b)	Resultado/ /Meta (c)=(a)/(b)	Peso (d)	Valor (e)=(c)x(d)	Valor para o objectivo $\Sigma(e)$
X	8	10	0,80	40%	0,3200	
Y	98%	95%	1,03	30%	0,3095	82,2%
Z	456	678	0,67	30%	0,2018	

Se todas as metas fossem atingidas, o valor para o objectivo seria 100%.
Como se pode ver no exemplo abaixo:

Indicador	Resultado (a)	Meta (b)	Resultado/ /Meta (c)=(a)/(b)	Peso (d)	Valor (e)=(c)x(d)	Valor para o objectivo Σ(e)
X	10	**10**	1,00	40%	0,4000	
Y	95%	**95%**	1,00	30%	0,3000	100,0%
Z	678	**678**	1,00	30%	0,3000	

No caso de os resultados ultrapassarem as metas, o quadro apresentará o seguinte resultado:

Indicador	Resultado (a)	Meta (b)	Resultado/ /Meta (c)=(a)/(b)	Peso (d)	Valor (e)=(c)x(d)	Valor para o objectivo Σ(e)
X	12	10	1,20	40%	0,4800	
Y	100%	95%	1,05	30%	0,3160	114,9%
z	800	678	1,18	30%	0,3540	

Cabe depois à organização definir, na globalidade, o que corresponde à tolerância para o alerta e para a excelência. Um exemplo de uma solução poderia ser:

Objectivo	Cor	Intervalo
Falhado	Vermelho	Abaixo de 75%
Em risco	Amarelo	Entre 75% e 100%
Cumprido	Verde	100%
Superado	Azul	Acima de 120%

3.4. Mapa de indicadores

3.4.1. *Funções do mapa de indicadores*

O mapa de indicadores procura apresentar, num único documento, os objectivos estratégicos, respectivos indicadores, metas, tolerâncias, excelências e pesos. Desta forma, pretende-se que os utilizadores da metodologia BSC tenham uma visão geral do mapa estratégico.

É também neste mapa que se começa a decompor as metas anuais em metas adequadas à frequência de acompanhamento estratégico. Apesar de muitas organizações colarem as metas nas próprias fichas de indicadores, há claras vantagens se as metas também forem identificadas e trabalhadas neste mapa.

O mapa de indicadores tem por objectivo:

- Apresentar um quadro geral que esclareça a forma como os indicadores concorrem para o processo de cálculo da *performance* estratégica dos objectivos.
- Permitir uma "visão de helicóptero" sobre todos os objectivos e indicadores.
- Facilitar a percepção da robustez dos indicadores na medição da *performance* dos objectivos.
- Facilitar a definição dos pesos dos indicadores que concorrem para o mesmo objectivo.
- Permitir a identificação de falhas na frequência de acompanhamento dos indicadores aos objectivos.
- Potenciar a harmonização das designações dos indicadores e tolerâncias.

3.4.2. *Modelo tipo*

A estrutura-tipo de um mapa de indicadores não é fixa. Cabe à organização definir a tipologia da estrutura que melhor se adapte à organização e ao respectivo processo metodológico de implementação da metodologia BSC seleccionado.

80   *Implementação do Balanced Scorecard no Estado*

Exemplo de uma estrutura de quadro-mapa de indicadores:

Objectivo/ /Indicador	Tipo	Frequência	Peso	Metas				Tolerância	Excelência
				1º T	2º T	3º T	4º T		

Tipo: Resultado; Acção

Frequência: Mensal, Trimestral, Quadrimestral, Semestral, Anual

Figura 31. Modelo de Mapa de Indicadores

Exemplo:

Objectivo/ /Indicador	Tipo	Frequência	Peso	Metas				Tolerância	Excelência
				1º T	2º T	3º T	4º T		
Objectivo – Redução de custos de exploração									
Ind. – % de redução de custos de funcionamento	R	Trimestral	70%	5%	9%	12%	20%	10%	25%
Ind. – % de redução de custos com pessoal	R	Semestral	30%	–	2%	–	4%	5%	20%
% de redução do economato	A	Trimestral	–	2%	3%	4%	6%	5%	20%
Objectivo – Diminuição dos tempos de espera									
Ind. – N.º de dias de redução do tempo de espera	R	Trimestral	100%	4	5	7	8	2	2
Ind. – % de processos com atraso superior a 5 dias	A	Trimestral	–	20%	22%	28%	30%	5%	20%
...									

Figura 32. Exemplo de Mapa de Indicadores

3.5. Ficha de indicador

3.5.1. *Funções da ficha de indicador*

A ficha de indicador não é mais do que o seu bilhete de identidade e tem por objectivo catalogar as suas características. Assim, existe sempre um registo onde rapidamente se podem consultar as propriedades de um determinado indicador, incluindo notas relativas à sua identificação. É também uma forma muito eficaz de registar um conjunto vasto de informações semelhantes, críticas para o correcto entendimento dos respectivos indicadores e objectivos estratégicos.

Assim, a ficha de indicador tem as seguintes funções, no âmbito de um processo de implementação da metodologia BSC:

- Catalogar todos os indicadores estratégicos – permitir um registo histórico e actualizado sobre cada um dos indicadores que tem por função aferir ou explicar a *performance* dos objectivos estratégicos.
- Registar as características de cada indicador – detalhar num *layout* próprio as propriedades relevantes para a compreensão do indicador.
- Permitir uma reflexão mais detalhada sobre a funcionalidade do indicador – expor as propriedades do indicador num quadro próprio permite que os responsáveis possam reflectir, com maior profundidade, sobre o nível de robustez e de contribuição do indicador para o objectivo.
- Servir de suporte às Rondas de Acompanhamento Estratégico – na eventualidade da solicitação de esclarecimentos essenciais à compreensão da *performance* do objectivo, a ficha do indicador é essencial para relembrar a forma como o indicador ajuda na análise da *performance* do objectivo.

3.5.2. *Modelo tipo*

Apresenta-se, de seguida, um modelo tipo de ficha de indicador que lista os campos possíveis para a caracterização do indicador.

Campos	Descrição	
Unidade Orgânica	Qual a unidade orgânica responsável pelo indicador.	
Activo?	Indica se o indicador está activo ou suspenso. Um indicador é suspenso quando não existe informação para o seu cálculo.	
Última Revisão	Qual foi a última data de revisão.	
Designação do indicador	A designação do indicador deverá ser explícita e sintética.	
Vector Estratégico	A que vector(es) estratégico(s) pertence.	
Objectivo	Qual o objectivo a que está afecto.	
Perspectiva	A que perspectiva pertence. (Exemplo: Cliente, Financeira, Processo ou Aprendizagem)	
N.º do objectivo	Numeração dentro do objectivo. (Exemplo: pode ser o 2º indicador do objectivo).	
Tipo de indicador	Se um indicador de resultado ou de acção.	
Scoring do indicador	Pertinência	Nota de 1 a 5
	Credibilidade	Nota de 1 a 5
	Custo	Nota de 1 a 5
	Simplicidade	Nota de 1 a 5
Fórmula analítica	Qual a fórmula analítica para o apuramento do resultado.	
Frequência de cálculo	Indica a frequência com que a organização o calcula para o acompanhamento estratégico.	
Peso no objectivo	Indica o impacto do indicador no objectivo. Se for o único objectivo, o peso será 100%. Quando existe mais do que um indicador num objectivo, deve ser identificado o contributo de cada indicador para o objectivo. Em cada período de análise, o somatório dos contributos deve ser de 100%.	
Tolerância para alerta	Indica a margem "aceitável" de desvio do resultado face à meta. Constitui um "alerta" e está representado pela "zona amarela".	
Excelência	A partir de que ponto entra na zona "azul" da superação.	
Polaridade	Positiva ou negativa. É positiva se, quando o resultado aumenta, identifica bom desempenho para o objectivo; é negativa se, quando o resultado diminui, identifica bom desempenho para o objectivo.	
Origem dos dados	Exemplo: sistema de informação; dossiers de processo; folha de cálculo, etc.	
Quem mede	Identifica o responsável pelo apuramento da informação que conduz ao cálculo do resultado.	
Notas adicionais	Aspectos relevantes para a explicitação do indicador.	

Figura 33. Modelo de Ficha de Indicadores

Este modelo representa uma possível ficha de indicador. Cabe à organização formatar a ficha de acordo com as suas necessidades específicas.

Campos	Descrição	
Unidade Orgânica	Direcção Financeira	
Activo?	Sim	
Última Revisão	30-05-2007	
Designação do indicador	% de redução de custos	
Vector Estratégico	Sustentabilidade financeira	
Objectivo	Redução de custos de funcionamento	
Perspectiva	Financeira	
N.º do objectivo	2	
Tipo de indicador	Resultado	
Scoring do indicador	Pertinência	5
	Credibilidade	5
	Custo	4
	Simplicidade	5
Fórmula analítica	Custos reais / Custos orçamentados	
Frequência de cálculo	Trimestral	
Peso no objectivo	70%	
Tolerância para alerta	10% sobre a meta	
Excelência	25% sobre a meta	
Polaridade	Positiva	
Origem dos dados	Sistema de informação financeiro	
Quem mede	Dr. João Oliveira	
Notas adicionais	Ficou acordado com a administração a revisão deste indicador antes do último trimestre do ano.	

Figura 34. Exemplo de Ficha de Indicadores

FICHA DE INDICADOR V.1

Caracterização do indicador de performance

Indicador	Rendibilidade dos Capitais Próprios	
Prioridade	P/1	Aumentar a solidez financeira
Objectivo	2	Aumentar a rendibilidade dos capitais próprios
Nº do indicador	1	→ Código do indicador: P/1.2.1
Fórmula de cálculo	Resultados Líquidos / Capitais Próprios	

Scoring do indicador	4,75
>= 3,5 Bom	
>= 2,5 Suficiente	
< 2,5 Reequacionar	
Pertinência	4,0
Credibilidade	5,0
Custo	5,0
Simplicidade	5,0
Ex.: 1 (mínimo) a 5 (máximo)	

Tipo	Acçao	*Ex.: Resultado, Acção*	Peso no objectivo	100%	*Ex.: 1 a 100%*
Frequência de cálculo	Trimestral	*Ex.: Mensal, Trimestral, etc.*	Unidade de medida	%	*Ex.: Nº, %, Dias, €, etc.*
Tipo de Polaridade	Positiva	*Ex.: Positiva, Negativa*			

Fonte de verificação	Sistema de Gestão
Quem mede	Responsável pelo controlo de gestão

Meta anual	15,50%	Tolerância	2%	Excelência	5%

Notas adicionais	

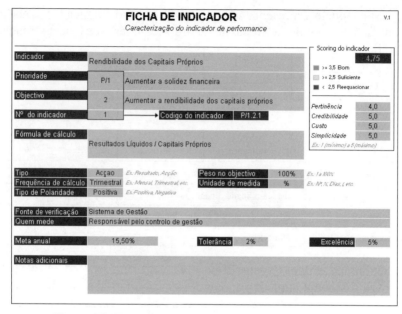

Figura 35. Exemplo de uma ficha de indicador aplicada a uma instituição pública

Unidade Orgânica	RACE	Rede Áreas Cliente Empresa	Ultima revisão	10.09.04
Designação	Nº de empresas visitadas			

Vector estratégico	0	Ruptura de barreiras/ Aceleração do invest./ Renovação da base de IVE
Perspectiva	F	Financiador
Nº Objectivo	1	Atrair procura PME para os produtos IAPMEI/ICEP
Nº Indicador	1	
Fórmula de cálculo	=nº de visitas às empresas	

					1S	2S
Tipo de indicador	Resultados	Unidades	Número			
Frequência revisão	Semestral	Frequência cálculo	Semestral	Peso no objectivo	70%	70%
Origem dos dados	RACE			Tolerância		
Quem mede	RACE					
Notas adicionais						

Figura 36. Exemplo de uma ficha de indicador aplicada a uma instituição pública do MEI

Indicador 1.1 – Taxa de qualidade dos documentos de assessoria elaborados

Unidade Orgânica	DRC	Delegação Regional do Centro - DGRS
Designação	Taxa de qualidade dos documentos de assessoria elaborados	
Vector Estratégico	2	Qualidade e Inovação
Perspectiva	C	Cliente
Nº Objectivo	1	Melhorar o nível de qualidade dos serviços na assessoria técnica aos tribunais e na execução de medidas
Nº Indicador	1.1	
Fórmula de Cálculo	Media da taxa de qualidade dos documentos avaliados (por amostragem)	

					1T	2T	3T	4T
Tipo de Indicador	Resultado	Unidades	%	Meta				75%
Polaridade	Positiva	Excelência	85%	Tolerância p/alerta				5%
Frequência Cálculo	Anual			Tolerância Excelência	10%			
Origem dos Dados	NAT - DRC			Peso no Objectivo	50%			
Notas Adicionais				Quem Mede	Técnicos do NAT			

Figura 37. Exemplo FORGEP Coimbra 2008 G4, DELEGAÇÃO
REGIONAL DO CENTRO da DIRECÇÃO-GERAL DE REINSERÇÃO
SOCIAL – Ficha de Indicador

4. OS MEIOS PARA A ESTRATÉGIA

Objectivos do capítulo:

✓ Identificar as iniciativas estratégicas.
✓ Perceber o impacto das iniciativas na estratégia.
✓ Justificar os meios na ambição estratégica.
✓ Quantificar financeiramente as iniciativas.
✓ Acompanhar a execução das iniciativas.

Neste capítulo, vamos compreender a importância das iniciativas estratégicas como forma de dotar a organização de meios críticos essenciais ao cumprimento das metas estabelecidas nos planos estratégico e de actividades.

4.1. Conceito de iniciativas estratégicas

4.1.1. *Conceito*

Quando a actividade corrente não é, por si só, suficiente para a organização cumprir os objectivos propostos no mapa estratégico, devem identificar-se as iniciativas a desenvolver para que a organização fique mais próxima de atingir os objectivos propostos.

Uma iniciativa estratégica não é mais do que um projecto de tempo limitado – com início, meio e fim – que, quando executado, vai permitir que o plano estratégico seja cumprido com sucesso.

Geralmente, as iniciativas estratégicas são pensadas numa base anual, para que possam ter expressão no orçamento da organização.

Podem constituir-se como iniciativas estratégicas:

- formação para entrega/reforço das competências técnicas e comportamentais dos colaboradores;

- introdução/melhoramento de sistemas de informação;
- definição/redefinição de procedimentos internos;
- reestruturações internas;
- contratualização de novas parcerias;
- implementação da metodologia BSC;
- construção e implementação de um inquérito de satisfação do cliente;
- aquisições de activos críticos para a boa execução da estratégia.

A iniciativa estratégica pode consumir recursos internos e/ou financeiros. Existem iniciativas que não geram custos no orçamento da organização, pois apenas consomem horas/homem dentro da organização. Existem também iniciativas que têm de ser adjudicadas externamente ou que envolvem a aquisição de um determinado activo, gerando saída de meios financeiros da organização.

4.1.2. *Utilidade das iniciativas estratégicas na metodologia BSC*

As iniciativas são os meios essenciais para a melhor concretização da estratégia.

Numa organização, é crítico que os meios sejam alocados às áreas que possam, realmente, contribuir para a concretização dos objectivos da organização. Importa que a distribuição de recursos seja feita com base em critérios que potenciem claramente a melhor solução global. Assim, a optimização desta alocação é crítica para o sucesso da estratégia.

A metodologia BSC vai permitir que os recursos sejam distribuídos não por áreas de actuação ou por pressão de determinadas unidades orgânicas, mas sim pelo impacto que podem ter na concretização dos objectivos estratégicos e, consequentemente, na estratégia definida pela organização.

Como já vimos, esta metodologia permite expor, com transparência e simplicidade, a forma como os recursos devem ser utilizados para a optimização da *performance* do plano estratégico.

As iniciativas estratégicas são o ponto de ligação entre a estratégia e a componente operacional da organização. Esta ligação faz-se através do orçamento estratégico – quantificação financeira das iniciativas estratégicas – e o plano anual de actividades da organização. Voltaremos a abordar este ponto, mais adiante.

O BSC consegue, desta forma, ligar matematicamente o médio e longo prazo ao curto prazo e a estratégia às tácticas.

4.1.3. Decomposição das iniciativas estratégicas

A decomposição das iniciativas tem como objectivo apresentar detalhadamente as actividades que a constituem.

Exemplo de estruturação de actividades, abrangendo 3 níveis:

Nível	Decomposição
1	Iniciativa
1.1	Acção
1.1.1	Tarefa

Esta decomposição permite, numa primeira fase, construir a iniciativa com rigor, já que obriga à identificação de todas as actividades até ao nível mais operacional e facilita também a sua quantificação orçamental.

Numa segunda fase, auxilia a sua explicação e o acompanhamento da sua execução física.

Exemplo:

Nível	Actividades
1	Formação em metodologia *Balanced Scorecard*
1.1	Procura no mercado de fornecedores de formação
1.2	Convite para apresentação de proposta de serviços
1.2.1	Definição das características base para a formação
1.2.2	Envio de convite
1.3	Análise e selecção de propostas
1.3.1	Recepção de propostas
1.3.2	Análise
1.3.3	Selecção
1.4	Carta para adjudicação
1.5	...

A decomposição permite que as organizações acompanhem as iniciativas estratégicas numa lógica de gestão de projectos. Pode, inclusive, construir-se um quadro de Gantt para esse efeito.

O quadro de Gantt consiste numa visualização diagramática do posicionamento óptimo das diferentes actividades, tendo em conta as durações e relações de precedência. Desta forma, definem-se antecipadamente as actividades de trabalho, de modo a evitarem-se operações repetidas. Fica assim estabelecida uma sequência lógica, ou seja, uma sucessão óptima de actividades que, à partida, elimina as actividades desnecessárias.

Exemplo:

Formação em metodologia *Balanced* Scorecard	Semanas							
	1	2	3	4	5	6	7	8
Procura no mercado de fornecedores de formação	■							
Convite para apresentação de proposta de serviços:								
Definição das características base para a formação		■						
Envio de convite			■					
Análise e selecção de propostas:								
Recepção de propostas						■		
Análise						■		
Selecção							■	
Carta para adjudicação							■	
...								

Figura 38. Exemplo de um calendarização de uma iniciativa

4.2. Mapa de iniciativas estratégicas

4.2.1. *Funções e objectivos do mapa de iniciativas*

O mapa de iniciativas procura apresentar, num único documento:

- as iniciativas estratégicas;
- os objectivos estratégicos;
- o custo das iniciativas;
- o impacto das iniciativas na estratégia da organização;
- o grau de execução física e/ou orçamental das iniciativas.

Desta forma, os utilizadores da metodologia BSC ficam com uma visão global dos meios e do seu impacto na estratégia.

O mapa de iniciativas tem como objectivos:

- Apresentar um quadro geral que esclareça a forma como as iniciativas apoiam a *performance* estratégica dos objectivos.
- Permitir uma "visão de helicóptero" sobre todas as iniciativas e objectivos.
- Sinalizar as iniciativas críticas para o cumprimento da estratégia.
- Justificar os meios para a concretização do plano estratégico.
- Facilitar a selecção de iniciativas a apoiar, num quadro de contenção orçamental.
- Facilitar a análise global do acompanhamento da execução das iniciativas, identificando atrasos críticos para a estratégia.
- Promover as sinergias entre os diferentes recursos disponíveis.
- Potenciar a harmonização da designação das iniciativas.

4.2.2. *Modelo tipo*

A estrutura-tipo de um mapa de iniciativas não é fixa. Cabe à organização definir a tipologia da estrutura que melhor se adapte à organização e ao respectivo processo metodológico de implementação e acompanhamento.

Iniciativas	Orçamento	Execução Física	Objectivos							
			1	2	3	4	5	6	7	...

Legenda:
Iniciativa – designação da iniciativa.
Orçamento – quantificação financeira da iniciativa.
Execução Física – indica o nível de execução física da iniciativa.
Objectivos – nível de impacto da iniciativa nos objectivos.

Figura 39. Modelo de Mapa de Iniciativas

Na fase de implementação da metodologia BSC, a construção do mapa de iniciativas permite construir e defender os meios necessários para a concretização da estratégia. Na fase subsequente – o acompanhamento estratégico – este mapa irá permitir acompanhar o grau de execução física das iniciativas.

As organizações podem também querer acompanhar o grau de execução orçamental das próprias iniciativas. Basta para isso que se crie uma nova coluna para esse objectivo.

Aspectos a ter em atenção:

- Nem todas as iniciativas têm orçamento. Muitas das iniciativas são projectos concebidos dentro da organização, com recursos internos e que não geram saídas de *cash* do orçamento.
- Existem objectivos que recebem o impacto de várias iniciativas.
- Existem objectivos que não recebem impacto de nenhuma iniciativa.

- Existem iniciativas que podem ter impacto em todos os objectivos e que, muitas vezes, se constituem como iniciativas transversais à organização.

Iniciativas	Orçamento	Execução Física	Objectivos							
			1	2	3	4	5	6	7	8
Formação em gestão	4.500 €									
Sistema informação financeiro	15.000 €									
Contratualização de novas parcerias	—									
Redefinição dos procedimentos internos	—									
Implementação da metodologia BSC	20.000 €									
Inquérito externo de satisfação	10.000 €									

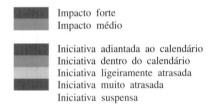

Impacto forte
Impacto médio

Iniciativa adiantada ao calendário
Iniciativa dentro do calendário
Iniciativa ligeiramente atrasada
Iniciativa muito atrasada
Iniciativa suspensa

Exemplo:

Figura 40. Exemplo de Mapa de Iniciativas

4.2.3. Acompanhamento da execução das iniciativas estratégicas

O acompanhamento do grau de execução das iniciativas permite aferir se as iniciativas que foram identificadas como críticas para a concretização da estratégia estão a ser executadas, bem como o seu grau de execução.

94 — Implementação do Balanced Scorecard no Estado

O acompanhamento da execução orçamental também pode gerar informação preciosa. Exemplo:

Iniciativas	Execução física	Execução orçamental	
		Real	Desvio
Iniciativa 1	Verde	50%	-5%
Iniciativa 2	Verde	55%	+3%
Iniciativa 3	Vermelho	0%	+15%
Iniciativa 4	Branco	22%	-10%

Para a definição das metas de execução orçamental, importa que as iniciativas sejam decompostas em actividades de nível inferior. A decomposição facilita o apuramento da quantificação financeira intermédia de cada uma das actividades que compõem as iniciativas.

Na análise da *performance* dos objectivos estratégicos, é crítico que se cruze o estado da execução física das iniciativas com a própria *performance* dos objectivos. Só desta forma se poderá compreender e analisar o impacto efectivo que as iniciativas estratégicas podem estar a ter nos objectivos.

Exemplo:

Iniciativas	Orçamento	Execução Física	Objectivos							
			1	2	3	4	5	6	7	8
1 - Formação em gestão	4.500 €									
2 - Sistema informação financeiro	15.000 €									
3 - Contratualização de novas parcerias	—									
4 - Redefinição dos procedimentos internos	—									
5 - Implementação da metodologia BSC	20.000 €									
6 - Inquérito externo de satisfação	10.000 €									

■ Verde ■ Amarelo ■ Vermelho

Analisando o mapa, podem surgir os seguintes comentários:

- a iniciativa 3 está atrasada e pode estar a gerar impacto negativo no objectivo 6, uma vez que este se encontra "amarelo".
- apesar da iniciativa 5 estar dentro do calendário, a iniciativa 4 poderá estar a contribuir para que o objectivo 2 esteja em risco.
- apesar da iniciativa 6 não se ter iniciado, o objectivo 4 está "verde".

4.3. Impacto das iniciativas estratégicas nos objectivos

4.3.1. *Impacto das iniciativas na estratégia*

O impacto das iniciativas na estratégia define a intensidade com que estas contribuem para a concretização dos objectivos estratégicos, ou seja, a importância que as iniciativas têm para que a organização consiga cumprir o plano estratégico eficazmente.

Assim, as iniciativas devem estar associadas aos objectivos estratégicos. O mapa das iniciativas é extremamente eficaz para relacionar iniciativas com objectivos, uma vez que utiliza um quadro em matriz.

Nem todos os objectivos estão relacionados com as iniciativas. Não temos obrigatoriamente que encontrar uma iniciativa para cada um dos objectivos estratégicos.

As iniciativas existem apenas quando o cumprimento de determinados objectivos estratégicos depende delas.

Uma iniciativa pode ter impacto em mais do que um objectivo estratégico.

Apesar de não ser comum, podem existir uma ou mais iniciativas com impacto em todos os objectivos estratégicos.

Teoricamente, pode dar-se o caso de não serem identificadas iniciativas estratégicas, já que a organização, por si só, na sua actividade corrente, consegue dar cumprimento aos objectivos estratégicos.

4.3.2. *Espectro de impactos*

O espectro de impactos quantifica, numa determinada escala, a importância de uma iniciativa na concretização dos objectivos estratégicos.

A quantificação é essencial para garantir que a organização não tem dúvidas sobre a que projectos deve ser atribuída máxima prioridade.

96 *Implementação do Balanced Scorecard no Estado*

Desta forma, após a identificação das iniciativas estratégicas, a organização terá que sinalizar as mais importantes e as menos importantes. Existem vários tipos de escalas utilizadas pelas organizações.

Exemplos de escalas:

Exemplo 1	Exemplo 2	Exemplo 3	Exemplo 4
1 – Muito forte	1 – Forte	1 a 10	1 – Crítico
2 – Forte	2 – Médio		2 – Forte
3 – Médio		Nota: 10 máximo, 1 mínimo.	Nota: Apenas pode existir um impacto crítico por iniciativa.
4 – Fraco			

Os exemplos 1 e 3 têm como desvantagem o facto do espectro do impacto ser demasiado extenso. Muitas vezes, existe uma preocupação de querer sinalizar vários níveis de importância, de forma a captar as diferentes prioridades. Acaba por ser um erro, já que cria demasiado ruído, desviando a atenção daquilo que é realmente importante.

O exemplo 2 é o mais comum, já que apresenta apenas dois níveis de impacto.

O exemplo 4 pode ser o mais eficaz, já que obriga a que a organização se discipline e indique, para cada iniciativa, qual o objectivo (apenas um) onde esta tem realmente um impacto crítico. Permite também que se identifiquem outros impactos fortes. A vantagem está na identificação de apenas um impacto crítico, o que irá permitir explicar, de forma muito clara, o objectivo que está em causa pela não execução da iniciativa.

4.4. Ligação das iniciativas ao orçamento

4.4.1. *Orçamento estratégico*

O orçamento estratégico não é mais do que a quantificação financeira de todas as iniciativas estratégicas essenciais para a concretização do plano estratégico.

Sendo o horizonte temporal do plano estratégico superior a um ano, importa identificar claramente as iniciativas que estão associadas ao ano em acompanhamento, bem como as quantificar financeiramente. Este conjunto de iniciativas vai permitir apurar o orçamento anual estratégico.

O orçamento global e anual da organização terá assim uma componente estratégica e uma componente não estratégica:

Exemplo: Estrutura do orçamento global anual

	Estratégico	Não estratégico	*Total*
Investimento	1.000.000 €	230.000 €	1.230.000 €
Funcionamento	500.000 €	240.000 €	740.000 €
Desenvolvimento	4.000.000 €	1.000.000 €	5.000.000 €
Total	5.500.000 €	1.470.000 €	6.970.000 €

4.4.2. *Processo de selecção de iniciativas*

Hoje em dia, a escassez de recursos à disposição das organizações obriga-as a disciplinar financeiramente os seus planos estratégicos. Apesar de as suas actividades poderem ser verdadeiramente importantes para o país, devido à escassez de recursos, têm de existir prioridades de intervenção ao nível das políticas do Governo que poderão restringir a ambição estratégica de alguns organismos.

Existindo restrições orçamentais, a organização é obrigada a decidir sobre as iniciativas a manter e as iniciativas a eliminar.

Existem vários tipos de variáveis essenciais para a identificação das iniciativas a eliminar:

- preço (orçamento);
- impacto nos objectivos;
- possibilidade de converter numa tarefa interna;
- possibilidade de diminuir a dimensão da iniciativa;
- etc.

Obviamente, a variável mais crítica para a eliminação da iniciativa é o preço. O processo de eliminação inicia-se após a identificação do montante de redução a efectivar no orçamento. Cabe então à organização (ou à unidade orgânica) iniciar um processo de selecção de iniciativas a eliminar.

Este processo é muitas vezes suportado por modelos de *scoring* (já abordados na lição 3) que permitem optimizar a escolha de iniciativas tendo em conta a importância das variáveis identificadas para a sua análise.

4.4.3. *Negociação do orçamento*

Através da análise de consequências, podem não só os organismos, mas também as suas unidades orgânicas, defender e justificar os respectivos orçamentos estratégicos.

Este processo pode ser complexo e obriga à clara identificação dos impactos que a eliminação de determinadas iniciativas terá ao nível:

- dos objectivos estratégicos: está em causa o cumprimento de determinados objectivos estratégicos? Quais serão então as metas que poderão ser atingidas? Justificam-se metas diminuídas? Está em causa a qualidade do serviço a prestar?
- da missão da organização: a missão terá de ser menos abrangente? A organização perderá espaço de actuação? Ter-se-á que abandonar algumas áreas de intervenção?
- da visão da organização: a visão será menos ambiciosa?

Iniciativas	Orçamento	Nos objectivos	Impacto	
			Na Missão	Na Visão
Iniciativa 1				
Iniciativa 2				
Iniciativa 3				
Iniciativa 4				
...				

Figura 41. Modelo de Mapa de análise de consequências do impacto
de eliminação de iniciativas na estratégia da organização

A leitura do quadro deve permitir esclarecer as consequências e a sua dimensão na ambição do plano estratégico. Assim, se a tutela ou organização mantiverem a intenção de avançar com a eliminação de iniciativas, ficará claro para todos quais serão os seus efeitos na estratégia.

Os objectivos que forem atingidos com a eliminação de iniciativas deverão ser revistos e identificadas novas metas que se ajustem a uma nova realidade de meios disponíveis.

4.5. Ficha de iniciativas

4.5.1. *Funções da ficha de iniciativas*

A ficha de iniciativas não é mais do que o BI da iniciativa e tem por objectivo catalogar as características da iniciativa. Desta forma, existirá sempre um registo onde rapidamente se poderá perceber quais os atributos de uma determinada iniciativa, inclusive notas relativas à sua construção. É também uma forma muito eficaz de registar um conjunto vasto de informações semelhantes, que é crítica para a atribuição de recursos essenciais ao cumprimento dos respectivos objectivos estratégicos.

Assim, a ficha de iniciativa tem as seguintes funções, no âmbito de um processo de implementação da metodologia BSC:

- Catalogar todos as iniciativas estratégicas – Permitir um registo histórico e actualizado sobre cada uma das iniciativas, que tem por função permitir a boa *performance* dos objectivos estratégicos.
- Registar as características de cada iniciativa – detalhar num *layout* próprio as propriedades relevantes para a compreensão da iniciativa.
- Permitir uma reflexão mais detalhada sobre os atributos da iniciativa – expor as características da iniciativa num quadro próprio, o que permite que os responsáveis possam reflectir com maior profundidade sobre o modelo óptimo de alocação de recursos críticos que geram contribuição efectiva para o objectivo.
- Servir de suporte às Rondas de Acompanhamento Estratégico – na eventualidade da solicitação de esclarecimentos essenciais à explicação da *performance* do objectivo, a ficha de iniciativa é essencial para relembrar a forma como os meios têm impacto na *performance* dos objectivos.

4.5.2. *Modelo-tipo*

Apresenta-se de seguida um modelo tipo de ficha de iniciativa que lista os campos possíveis para a sua caracterização.

Campos	Descrição
Unidade Orgânica	Qual a unidade orgânica responsável pela iniciativa.
Última Revisão	Qual foi a última data de revisão.
Designação da iniciativa	A designação da iniciativa deve ser explícita e sintética.
N.º da Iniciativa	Numera a iniciativa para melhor identificação
Descrição da Iniciativa	Descrição detalhada da iniciativa.
Vector Estratégico	A que vector(es) estratégico(s) pertence.
Objectivos	Quais os objectivos que têm impacto. Qual a intensidade do impacto da iniciativa nos objectivos.
Orçamento	Quantificação financeira da iniciativa
Fontes de Financiamento	Identifica a tipologia das fontes de financiamento, bem como a sua quantificação.
Meios internos	Qual o consumo de meios internos da organização.
Intervenientes Internos	Quem, na organização, participa na execução da iniciativa.
Intervenientes externos	Quem, exterior à organização, participa na execução da iniciativa.
Calendarização	Período de execução da iniciativa ao longo do ano.
Indicador de execução física	Identifica o grau de execução física.
Indicador de Execução orçamental	Identifica o grau de execução orçamental.
Notas adicionais	Aspectos relevantes para a explicitação da iniciativa.

Figura 42. Modelo de Ficha de Iniciativa

Este modelo representa uma possível ficha de iniciativa. Cabe à organização formatar a ficha, de acordo com as suas necessidades específicas.

Os Meios para a Estratégia 101

Campos	Descrição
Unidade Orgânica	Direcção Financeira
Última Revisão	11-06-2007
Designação da iniciativa	Formação em metodologia *Balanced* Scorecard
N.º da Iniciativa	2
Descrição da Iniciativa	Acção de formação para reforço das competências técnicas em metodologias de acompanhamento estratégico.
Vector Estratégico	Reestruturação organizacional interna
Objectivos	• Objectivo 9 – Reforço de competências técnicas; impacto nível 1 • Objectivo 12 – Alinhar colaboradores; impacto nível 2 • Objectivo 17 – Melhorar o acompanhamento estratégico; impacto nível 1
Orçamento	4.500 €
Fontes de Financiamento	50% orçamento interno e 50% financiamento de fundos comunitários
Meios internos	n.a.
Intervenientes Internos	Quadros superiores e intermédios da unidade orgânica
Intervenientes externos	INA
Calendarização	Novembro a Dezembro de 2007
Indicador de execução física	Taxa de cumprimento do plano de formação
Indicador de Execução orçamental	Taxa de execução do orçamento
Notas adicionais	—

Figura 43. Exemplo de Ficha de Iniciativa

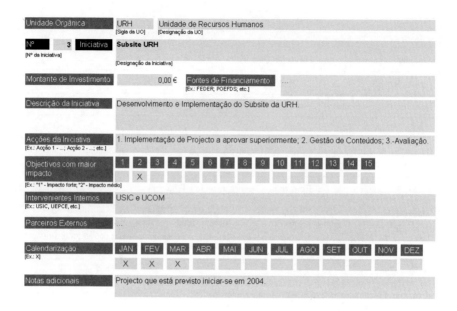

Figura 44. Exemplo de uma ficha de iniciativa aplicada a uma instituição pública do MEI

FICHA DE CARACTERIZAÇÃO DE PROJECTO
Nível 2
Ficha sumária de caracterização da informação dos projectos

Ano	2008
Mês	Setembro
Nº/Sequencial	1
Nº/Revisão	0

v.2

1. CARACTERIZAÇÃO

			Ano Início	Nº RAP
Designação:	Conferência XPTO	Código do Projecto:	2008 .	1

Descrição: Realização anual na Culturgest da Conferência XPTO, oportunidade para debater as vias a prosseguir no sector, evidenciar o contributo do Grupo e conferir visibilidade à carteira de participações, propiciando ainda o surgimento de novas oportunidades de negócio;

Gestor do Projecto:	João (15%)	Prioridade Estratégica:	P 1 - Afirmar a Liderança no Mercado
Equipa de projecto:	Maria (20%); António (50%)		
Data Início:	01-10-2008	Data Fim:	31-03-2009

2. OBJECTIVOS A ATINGIR COM O PROJECTO

		Metas
1º Objectivo:	Marcar a agenda relativa às tendências para o capital de risco	Maior conferência anual
2º Objectivo:	Evidenciar o contributo do Grupo	100 referências nos media
3º Objectivo:	Propiciar o surgimento de novas oportunidades de negócio	20 novos contactos

3. QUANTIFICAÇÃO FINANCEIRA

Com contrato assinado? ☐ (S/N)

	Global	Ano		
Receitas:	150.000 €	150.000 €	100%	Fontes de financiamento: Orçamento interno
Custos:	150.000 €	150.000 €	100%	
Saldo:	0 €	0 €	0%	

4. CALENDARIZAÇÃO

nº/#	Actividades	d	P	J	F	M	A	M	J	J	A	S	O	N	D
1	Agendar espaço Culturgest	1													
2	Estruturar programa prévio	1	1												
3	Contactar oradores e estrutura	5	2												
4	Finalizar programa	2	3												
5	Preparar lista de participantes	2	2												
6	Entregar referências à COM	1	4												
7	Entregar referências à MK	1	4												
8	Entregar referências à Informática	1	4												
9	Construção de website	5	8												
10	Marketing - Divulgação	5	9												
11	Convidar participantes	5	10												
12	Execução Logística	10	7												
13	Realização do evento	8	12												
14	Avaliação do impacto do evento	3	13												

P - precedência, d - dias; Total 50
☐ *- Carga semanal*

5. ACOMPANHAMENTO DA EXECUÇÃO FÍSICA E RISCO ESPERADO

Nível de execução Física
Nível de Risco

■ sem início	0 com atraso	1 dentro do prazo	
■ em risco	0 em alerta	1 sem risco	

6. AMEAÇAS IDENTIFICADAS NO INÍCIO DO PROJECTO

Identificação das Ameaças:
Classificação na escala de 1 (mínimo) a 5 (máximo)

		Probabilidade de ocorrência	Impacto nos obj. do projecto	Complexidade na resolução
1.	Indisponibilidade de agenda por parte de oradores de topo	2	4	4
2.	Baixo nível de procura nas inscrições	2	5	5
3.	Inexistência de apoios externos	1	2	2

7. OUTRAS INFORMAÇÕES / ANÁLISE DO PONTO 5.

A avaliação do Objectivo - Propiciar o surgimento de novas oportunidades de negócio - será efectuada através da análise do nº de inscrições efectuadas durante conferência para contactatos.

Para mais informações (ex.: orçamento, quadro gantt detalhado, etc.) , consultar dossier do Projecto.

Administração		Gestor do Projecto
Data		Data

Figura 45. Exemplo de uma ficha de iniciativa aplicada a uma instituição pública

4.6. Mapa de consolidação da metodologia BSC

O mapa consolidado procura garantir que todos na organização terão acesso a uma visão global de toda a estratégia. Neste mapa, irão configurar todos os aspectos da estratégia e do processo de monitorização: Missão, Visão, Valores Institucionais, Vectores Estratégicos, Mapa *Scorecard*, Indicadores, metas e Iniciativas.

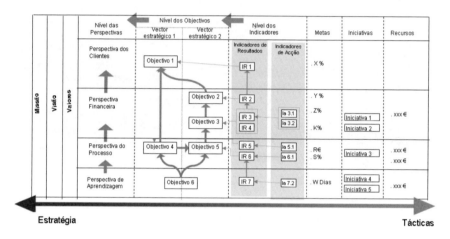

Figura 46. Modelo de Mapa Consolidado

Visualmente este mapa garante a possibilidade de entregar uma "visão de helicóptero" essencial para que todos na instituição possam perceber a ligação entre a componente operacional e a componente estratégica.

Na maior parte das organizações, este mapa é impresso em dimensões superiores ao A4 e colocado na parede de modo a estar acessível a todos os colaboradores.

Os Meios para a Estratégia 105

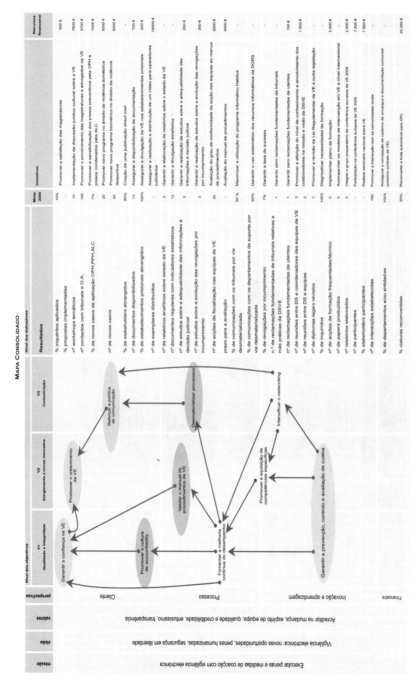

Figura 47. Exemplo FORGEP Algés 2008 G8, Direcção de Serviços de Vigilância Electrónica – Mapa Consolidado

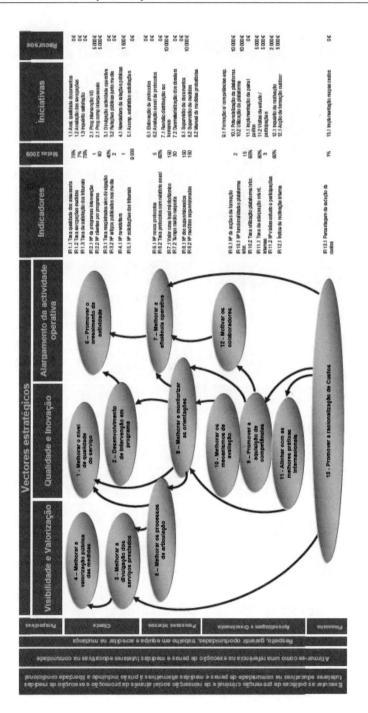

Figura 48. Exemplo Forgep Coimbra 2008 G4, DELEGAÇÃO REGIONAL DO CENTRO da DIRECÇÃO-GERAL DE REINSERÇÃO SOCIAL – Mapa consolidado

5. INTEGRAÇÃO DE OUTROS MODELOS E FERRAMENTAS INFORMÁTICAS

Objectivos do capítulo:

✓ Apresentar a complementaridade entre o SIADAP (Sistema Integrado de Avaliação do Desempenho no Estado).
✓ Dar a conhecer as potencialidades das ferramentas tecnológicas disponíveis para intervenção nesta área.
✓ Abordar os factores determinantes na selecção de fornecedores de sistemas de informação.

Neste capítulo, vamos conhecer outras metodologias de avaliação/análise da actividade corporativa e individual, bem como as ferramentas tecnológicas essenciais ao suporte do acompanhamento estratégico da organização.

5.1. SIADAP, CAF e ISO 9001

5.1.1. *SIADAP*

Nos termos da Lei 307/2007, de 23 de Abril e Lei n.º 66-B/2007 de 28 de Dezembro:

"O SIADAP assenta numa concepção de gestão dos serviços públicos centrada em objectivos. (...) O sistema de avaliação dos serviços públicos que agora se pretende introduzir constitui um padrão mínimo, visando reforçar no Estado uma cultura de avaliação e responsabilização, vincada pela publicitação dos objectivos dos serviços e dos resultados obtidos, em estreita articulação com o ciclo de gestão e assente num instrumento fundamental: os indicadores de desempenho."

O *balanced scorecard* é uma metodologia que integra muitas das especificações acima referidas. A cultura de avaliação e responsabilização, a publicitação de objectivos e resultados, os indicadores de desempenho, a articulação com o ciclo de gestão, são boas práticas já identificadas no desenvolvimento e implementação do BSC.

A Lei 10/2004, que instituiu a primeira versão do SIADAP, já expressava um princípio lógico de que os objectivos individuais e de equipa deveriam ser desdobrados a partir dos objectivos estratégicos da organização. Na versão de 2007, a importância dos objectivos estratégicos como elementos críticos na implementação do SIADAP é ainda mais forte, uma vez que a avaliação dos serviços passa a ser efectuada através de diversos elementos, entre os quais constam os objectivos estratégicos plurianuais definidos pela Tutela e os objectivos operacionais definidos no Plano Anual de Actividades. Ou seja, os objectivos estratégicos constituem o enquadramento para todo o processo de desagregação de objectivos operacionais, funcionais e individuais.

Embora uma organização não necessite do BSC para fixar os objectivos individuais dos seus colaboradores, é a partir da definição estratégica da organização com recurso ao BSC, onde se procura um equilíbrio entre as diversas perspectivas, que se pode efectuar o *cascading* (desdobramento), construindo os mapas *scorecard* para as diversas subunidades, alinhados com o BSC corporativo. Os objectivos da unidade mais abaixo traduzem a contribuição desta para o desenvolvimento dos elementos da unidade do nível superior. O ponto mais importante neste processo é que o mesmo pode ser levado ao limite da definição de objectivos para cada colaborador dentro das unidades. Nos organismos obrigados à aplicação do SIADAP, o desdobramento do BSC é uma metodologia graficamente compatível e funcionalmente eficaz.

A metodologia BSC pode assumir um papel crítico com o QUAR, na medida em que podem constituir-se como dois instrumentos complementares. O QUAR, ao focar a apresentação de resultados para os clientes (utentes) e tutela, por vezes deixa de lado objectivos internos, também estratégicos, que podem vir a ser destacados no âmbito da metodologia BSC. O QUAR, ao constituir como um veículo de prestação de contas padronizado do Estado, pretendendo-se sintético de forma a garantir a eficácia da prestação de contas, gera uma insuficiência em que apenas alguns objectivos terão visibilidade, o que pode deixar de lado algumas unidades orgânicas dentro da organização, principalmente as que estão afectas às áreas de suporte. Isto pode ser minimizado pela introdução da metodologia BSC. Caberá a esta metodologia garantir a participação de todos no processo de planeamento, acompanhamento e prestação de contas.

5.1.2. *A CAF – Estrutura Comum de Avaliação*

A CAF (do Inglês, *Common Assessment Framework*) é um modelo de auto-avaliação, criado com base nos critérios do Modelo de Excelência da EFQM (*European Foundation for Quality Management*), para os organismos públicos conhecerem o seu desempenho organizacional. É uma ferramenta de gestão especificamente construída para suportar a introdução da qualidade nas organizações públicas, através da qual um grupo de pessoas de um serviço procede a uma avaliação crítica do seu organismo.

A sua aplicação tem por objectivo:

- Conhecer os pontos fortes e os pontos críticos (a melhorar) das organizações públicas.
- Revelar as percepções das pessoas em relação à sua própria organização, aumentar a mobilização interna da mesma para a mudança e acrescentar mais-valias ao sentido de auto-responsabilização dos gestores.
- Conhecer o nível de satisfação dos diferentes públicos que se relacionam com as organizações públicas (cidadãos, parceiros, fornecedores, sociedade civil).
- Construir projectos de mudança sustentados, com base no conhecimento do estado de saúde da organização.

As vantagens da aplicação da CAF:

- É um modelo simples de aplicar e mobiliza a organização para a Qualidade (gestores e colaboradores).
- Cria indicadores de desempenho para a comparação entre unidades orgânicas de uma organização e entre organizações idênticas.
- Permite aferir a evolução da organização, quando aplicado sistematicamente.
- Pode ser aplicado quer ao nível de uma macroestrutura (toda a organização), quer ao nível de uma microestrutura (unidade orgânica).

A aplicação da CAF pode ser efectuada em simultâneo com a metodologia BSC. Embora, em termos de operacionalização, os objectivos de cada um sejam distintos, existem claras sinergias na aplicação das duas metodologias, sendo evidente que a metodologia BSC assume um papel principal, na medida que é o instrumento de eleição para a avaliação da estratégia da organização. A metodologia CAF poderá alimentar objectivos e indicadores do mapa estratégico.

5.1.3. *ISO 9001*

A globalização dos mercados torna mais prementes as questões relacionadas com a qualidade. De facto, a maioria das organizações não admite a falta de qualidade. Por outro lado, a qualidade é já uma filosofia de actuação das organizações evoluídas e competitivas, tornando-se cada vez mais um factor crítico de sobrevivência. O interesse crescente em produzir com qualidade e demonstrá-lo é uma diferenciação positiva que se tem vindo a afirmar em todas as áreas de actividade públicas e privadas.

Uma organização pode implementar um sistema de gestão da qualidade (SGQ) para melhoria interna e estar ou não interessada no reconhecimento externo (certificação).

No entanto, regra geral, quem implementa um SGQ está interessado na sua certificação. A certificação do SGQ de uma empresa é o reconhecimento, por uma entidade externa e independente, de que a empresa satisfaz o cliente e as exigências legais e regulamentares de uma forma eficaz.

A ISO 9001 refere as exigências de um sistema de gestão da qualidade, com vista à eficácia na satisfação do cliente. Ela não inclui sistemas de gestão ambiental, de saúde, higiene e segurança no trabalho, responsabilidade social ou outros sistemas de gestão.

Os objectivos que se pretendem atingir com a implementação séria de um Sistema da Qualidade, de acordo com a ISO 9001, são entre outros:

- penetração em novos mercados ou manutenção dos existentes;
- aumento da confiança, interna e externa, nos métodos de trabalho;
- reorganização da empresa;
- aumento da motivação dos colaboradores;
- prestígio;
- maior controlo dos custos de não qualidade e sua diminuição;
- aumento da satisfação dos clientes.

Uma questão muitas vezes colocada é se uma organização que implementa ou pretenda implementar a ISO 9001, poderá integrar a metodologia BSC na organização. Não existe nenhum constrangimento, já que as duas metodologias têm funções totalmente distintas. A metodologia BSC é uma ferramenta de topo que tem por objectivo acompanhar a estratégia da organização, enquanto a metodologia ISO 9001 assume um papel mais operacional. Existirão sempre sinergias na aplicação das duas metodologias, nomeadamente ao nível dos indicadores. Os indicadores que já estiverem em utilização numa das metodologias poderão vir a fazer parte da metodologia mais recente.

5.2. Tecnologias existentes no mercado

5.2.1. *A importância dos sistemas de informação*

A cada vez maior complexidade das organizações face aos seus diferentes sistemas de informação e a necessidade de integração entre os mesmos para extrair informações úteis, obriga as organizações a ter sistemas de informação alinhados com a sua estratégia e à medida das suas necessidades.

Um dos grandes desafios dos sistemas de informação é assegurar a qualidade e agilidade da informação, imprescindível para que, nas organizações, os gestores tomem decisões certas e em tempo oportuno.

A informação é tudo na gestão. É unânime também o conjunto de características necessárias para que a informação atenda realmente às necessidades dos gestores: disponível no tempo certo, credibilidade e qualidade.

A principal vantagem proporcionada pelos sistemas de informação é a capacidade de processar um gigantesco número de dados simultaneamente, facilitando a disponibilização de informações críticas de forma quase imediata.

5.2.2. *Ferramentas tecnológicas*

A tecnologia deve ser entendida como uma ferramenta e não como a solução.

Os autores da metodologia BSC lançaram uma "certificação" de conformidade com as ferramentas informáticas que pretendam constituir-se como sistemas aptos a gerir o processo BSC. A lista destas ferramentas pode ser consultada no site – https://www.bscol.com/bsc online/ technology/certified/.

Para uma determinada ferramenta poder ser certificada, deve submeter o *software* para análise. Em termos gerais, para que as ferramentas informáticas tenham a certificação, devem cumprir um padrão mínimo de propriedades da metodologia BSC.

As seguintes ferramentas informáticas já foram certificadas pelos autores da metodologia BSC: ActiveStrategy Inc, Bitam, Business Objects, Cognos, Consist FlexSI, Corporater, CorVu, Extensity (anteriormente Geac), Hyperion, Information Builders, InPhase, Intalev, Microsoft, Oracle, Peoplesoft, *Performance*soft, Pilot *Software*, Procos, Prodacapo, QPR, Rocket *Software*, SAP, SAS, Vision Grupo Consultores.

Existem outras ferramentas no mercado que, não tendo a "certificação" dos autores, mantêm a capacidade de promover a metodologia BSC nas organizações. É também normal verificar que algumas das ferramentas certificadas não cumprem aquilo que seria de esperar em termos de flexibilidade, aplicabilidade à realidade, *layout*, etc.

5.3. Principais funcionalidades das ferramentas

5.3.1. *Tipologia das funcionalidades críticas*

As principais funcionalidades que um *software* deve ter para poder garantir a correcta aplicação da metodologia BSC assenta nos seguintes pontos:

- Visualização gráfica da estratégia através das perspectivas, permitindo que todos os colaboradores da organização entendem e acompanhem a estratégia através das quatro perspectivas clássicas (Clientes, Financeira, Processos e Aprendizagem). A lógica sequencial das perspectivas deve ser totalmente clara na explicação de como a *performance* pode ser atingida.
- Identificação dos objectivos estratégicos, em cada perspectiva. Os objectivos estratégicos da organização devem estar enquadrados nas perspectivas identificadas.
- Associação dos indicadores aos objectivos estratégicos. Deve ser possível associar a todos os objectivos um ou mais indicadores capazes de quantificar a sua intenção estratégica.
- Utilização de relações causa-efeito entre os objectivos estratégicos. Todos os objectivos estratégicos devem ter relações causa-efeito que expliquem as correlações entre eles, ajudando assim a explicar como cada objectivo pode ajudar na concretização de outros objectivos.
- Atribuição de metas aos indicadores. Os indicadores associados aos objectivos estratégicos devem ter metas que quantifiquem o

nível de desempenho a atingir para o cumprimento do objectivo estratégico.

- Listagem de iniciativas estratégicas e sua ligação aos objectivos estratégicos. Apresentar um quadro geral que esclareça quais as iniciativas e a forma como estas apoiam a *performance* estratégica dos objectivos.

5.3.2. *Outras funcionalidades técnicas*

Existem outras funcionalidades que devem ser asseguradas de modo a garantir uma eficaz aplicação da metodologia BSC, bem como garantir flexibilidade para futuros desenvolvimentos dentro da organização.

- Desdobramento dos *scorecards*. Permitir a construção integrada da metodologia BSC para o corporativo, unidades orgânicas e equipas/individual.
- *Links* a documentos. Permitir associar documentos (exemplo: MS Word, Excel ou PowerPoint, e-mails, etc.) aos itens da metodologia BSC: vectores, perspectivas, objectivos, indicadores, iniciativas, metas, resultados, pesos, tolerâncias, etc.
- Produção de relatórios (*reports*). Formatação de relatórios em função das necessidades de informação dos destinatários (Exemplo: Administradores, directores, coordenadores, colaboradores).
- Código de cores para desempenho de indicadores. Apresentar, através de um espectro de cores, os diferentes tipos de *performance* estratégica dos objectivos e indicadores.
- Gráficos com histórico de indicadores. Permitir a visualização gráfica da evolução histórica dos indicadores afectos aos objectivos estratégicos.
- Alertas. Aceitar a definição de alertas para os utilizadores, nomeadamente para aspectos relacionados com atraso na introdução de resultados.
- Inserção de comentários. Permitir a aceitação de comentários relativos ao mapa estratégico, à *performance* de objectivos e aos indicadores.
- Acesso ao *scorecard* via *Web*. Permitir o acesso, via *Web*, aos mapas estratégicos.
- Simulação de Cenários (causa-efeito). Ter funcionalidade de análise de causa-efeito, através da simulação de cenários de resultados nos indicadores.

114   *Implementação do Balanced Scorecard no Estado*

- *Forecasting.* Possibilitar a leitura da *performance* estratégica previsional, através de modelos estatísticos.
- Ligação a diferentes bases de dados. Aceitar a ligação a diferentes bases de dados dos sistemas de informação da organização.
- Integração com outras aplicações. Permitir a ligação a outros sistemas aplicacionais detentores de informação útil.
- Critérios de acesso por tipo de utilizador. Aceitar diferentes tipologias de acesso, tendo em conta os diferentes destinatários da informação do BSC.

5.4. Variáveis determinantes na aquisição da ferramenta tecnológica

5.4.1. *Preparação para a consulta ao mercado*

Antes de se avançar para uma consulta ao mercado, de modo a sondar as ferramentas informáticas mais adequadas para a implementação do BSC na organização, importa proceder a um trabalho interno de definição das especificidades técnicas e das necessidades internas da organização.

- Onde está o plano estratégico, o plano de actividade e o orçamento? Estão actualizados?
- Quem vai estar envolvido na metodologia BSC? Que unidades orgânicas? Quais os colaboradores que vão participar?
- Quantos conhecem a metodologia BSC?
- Quando se pretende começar a medir a *performance* estratégica?
- Que tipo de *layouts* de *reports* seriam mais eficazes dentro da organização? Pode começar a desenhar-se um *layout* (em MS Word, Excel ou PowerPoint) de *report* em termos de: mapa estratégico, indicadores, gráficos, iniciativas, comentários, etc.)?
- Que tipo de funcionalidades técnicas se pretende que o produto contenha?
- De que tipo de sistemas informáticos dispõe a organização?
- Onde se encontra a informação?
- Qual a utilidade da informação existente?
- Qual o grau de actualização da informação existente?
- Qual a consistência e credibilidade da informação existente?
- Quem mexe actualmente na informação? Quem lê? Quem actualiza?

Integração de outros Modelos e Ferramentas Informáticas 115

Respondendo criteriosamente a estas perguntas, a organização irá dispor de informação rigorosa sobre aquilo que pretende e estará preparada para dialogar com os fornecedores dos sistemas de informação.

5.4.2. *Selecção dos fornecedores*

Ao avançar-se para uma tecnologia, quais as variáveis determinantes?

- Plataforma tecnológica: é crítico garantir que a plataforma tecnológica actual dos sistemas de informação da organização é compatível com o *software* que poderá vir a ser adquirido. Nem sempre os sistemas de informação são compatíveis uns com os outros. É também importante perceber até que ponto os *softwares* existentes podem interagir na troca de informação com o sistema que está em análise.
- Funcionalidades do *software*: grande parte das organizações, quando decide adquirir um sistema de informação para BSC, já tem uma ideia muito clara do *layout* e estrutura dos *reports* estratégicos que pretende. Importa assim garantir que as funcionalidades previstas no *software* são compatíveis com a expectativa funcional já entendida pela organização.
- Preço: Geralmente o preço é decomposto nas seguintes rubricas:

  - Preço base – preço do *software* sem licenças de utilização.
  - Licenças – definem quem na organização pode utilizar o *software*. Geralmente, são vendidas, em lotes mínimos.
  - Custos de implementação – envolvem os custos afectos à instalação do *software* nos sistemas informáticos da organização. Muitas vezes, envolve também a compra de servidores extra com capacidade para alojar o *software*.
  - Custos de desenvolvimento extra – implicam custos acrescidos na concretização de adaptações específicas ao *software* a pedido do cliente.
  - Custos de manutenção – são custos que envolvem a prontidão da empresa implementadora, para fazer face a ajustamentos que podem ocorrer a qualquer momento.

- Tempo de implementação: Um processo normal de implementação da metodologia BSC não deve exceder em média os 3 meses.
- Experiência de implementação: a metodologia BSC é relativamente recente em Portugal. Muitas das empresas de tecnologia não têm

experiência de relevo na implementação destes sistemas. Muitas irão implementá-la pela primeira vez. Importa assim perceber qual a experiência concreta que as empresas têm em metodologia BSC. Muitas vezes, estas empresas indicam que têm experiência em implementação de *reports* com indicadores variados, o que não é a mesma coisa que BSC.

5.4.3. *Acompanhamento do projecto de implementação*

Para garantir o sucesso da implementação da ferramenta informática, importa atender a um conjunto de aspectos importantes no acompanhamento da equipa que está a implementar o sistema de informação.

Um dos aspectos centrais consiste na estabilização de um *report* de acompanhamento semanal ou quinzenal que clarifique o estado do processo de implementação. Pode constituir-se como um *flash report* de acompanhamento que apresente o quadro de Gantt do projecto, identificando o posicionamento actual e os desvios relativos ao previsto.

Este documento assume especial relevância, uma vez que vai validando o processo de implementação e registando atrasos e constrangimentos que possam ocorrer durante o processo de implementação.

É importante que os colaboradores que vão utilizar a ferramenta possam acompanhar e participar nos testes, de modo a começarem a familiarizar-se com os *layouts* e especificidades técnicas da própria ferramenta. É aqui que podemos perceber se o sistema informático está de facto a absorver a tradução estratégica na íntegra, garantindo que todos os aspectos relacionados com a metodologia BSC estejam espalhados no sistema.

É igualmente importante garantir a comunicação entre a organização e a equipa responsável pela operacionalização do sistema de informação, no período pós implementação. Importa garantir que existirá um período de tempo com uma dimensão adequada à disponibilidade de testes da organização e que permita que esta tenha as respostas de que necessita.

5.5. Alternativa às ferramentas informáticas – O Excel

No primeiro ano de acompanhamento, as organizações podem privilegiar a utilização de folhas de Excel para a elaboração do *Report*. Não se vai abandonar as tecnologias mais robustas, apenas se adia no tempo

Integração de outros Modelos e Ferramentas Informáticas 117

a sua implementação. Importa primeiro que a organização encontre o seu próprio modelo de *Report* e que se habitue a ser medida.

Porque é a escolha da tecnologia uma decisão de longo prazo?

Muitas organizações optam por implementar ferramentas informáticas para o acompanhamento da metodologia BSC. A grande desvantagem desta opção pode residir no facto de estarmos a adaptar a organização à metodologia e não a metodologia à organização. Algumas das ferramentas informáticas não têm flexibilidade para absorver alguns aspectos particulares típicos das organizações, pelo que existe a tendência de ajustar objectivos e indicadores às limitações do *software* que se pretende utilizar.

Para além desta desvantagem, existem outras. O processo de implementação pode levar meses; os custos de implementação e manutenção são extremamente elevados; a implementação da ferramenta implica um envolvimento forte dos colaboradores da organização; muitas vezes, o fornecedor da tecnologia não consegue implementar o *layout* que a empresa pretende e qualquer alteração estruturante à tecnologia requer o envolvimento do fornecedor.

Importa que a organização invista algum tempo na análise e discussão de um leque alargado de ferramentas. Só assim poderá fazer uma boa escolha.

Características do documento de *Report*:

O documento de *Report* tem por função apresentar a *performance* acumulada da estratégia da organização referente a um determinado período de análise. Constitui um instrumento de "pilotagem" fundamental para a divulgação de resultados e discussão de constrangimentos.

Um documento de *Report* deve garantir:

- Periodicidade trimestral ou quadrimestral;
- Linguagem objectiva e simples;
- 3 a 4 páginas no máximo;
- *Layout Standard*;
- Partir da informação geral (1.ª página) para o detalhe (última página);
- Aspecto visual atractivo;
- Utilização de cores e/ou símbolos intuitivos.

Exemplo de um *Report* em Excel de um organismo do Estado (2003--2005):

Página 1

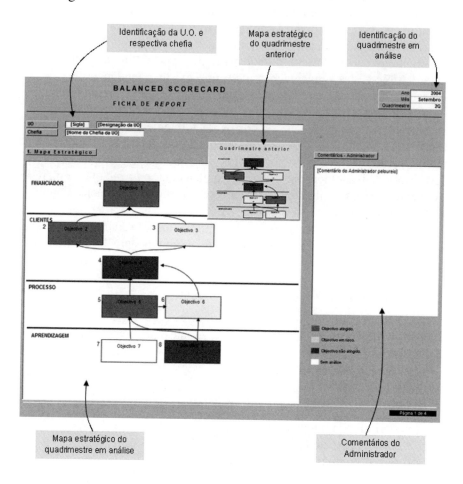

Na primeira página do Report, importa garantir a visualização do mapa estratégico do quadrimestre em análise, bem como do mapa estratégico do quadrimestre anterior. Desta forma, fica assegurada a leitura da evolução da *performance* dos objectivos estratégicos entre os dois períodos. Nesta página, devem também constar os comentários obtidos do responsável de topo pela unidade orgânica mapeada.

Página 2

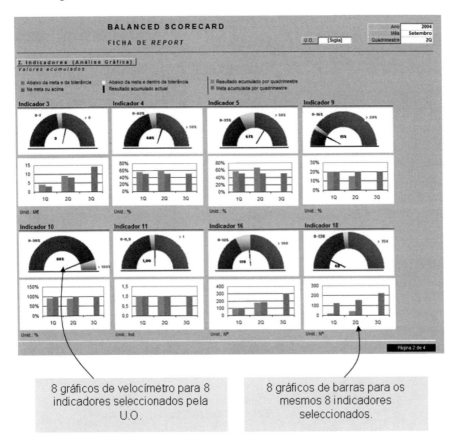

Nesta segunda página, a prioridade deve ser dada à visualização dos principais indicadores da U.O. Deverá ser o responsável directo da U.O. a escolher entre todos os seus indicadores aqueles dos quais pretende obter uma visualização mais detalhada. Geralmente, deve optar-se por indicadores de resultados ou na, falta destes, por indicadores avançados.

Página 3

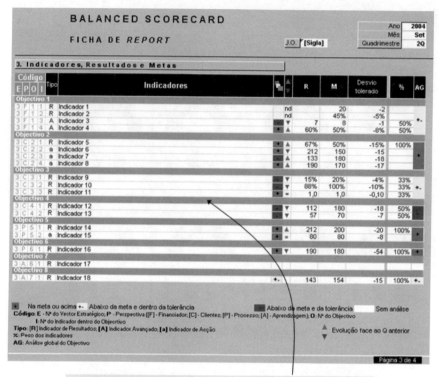

Página 4

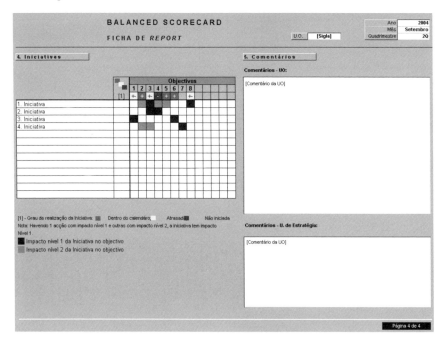

Na quarta página procede-se ao confronto do grau de execução das iniciativas estratégicas com a *performance* dos objectivos. A U.O. deve avaliar-se tendo por referência:

– O que falhou?
– O que aprenderam?
– Como vão melhorar?

Este reporte foi aplicado num organismo do Estado portuguesa e permitiu que o processo de monitorização e comunicação da estratégia se efectuasse de forma mais barata. Obviamente não substitui as ferramentas informáticas mais sofisticadas, no entanto, em determinados momentos pode constituir-se como a ferramenta ideal.

ÍNDICE

1. Conceitos introdutórios essenciais	13
1.1. Análise e formulação estratégica	13
1.1.1. Os documentos do planeamento e prestação de contas na Administração Pública	13
1.1.2. O modelo de Gestão Estratégica	15
1.1.3. A fase do estudo estratégico	18
1.1.4. A fase da formulação Estratégica	26
1.2. Acompanhar a *performance* estratégica	33
1.2.1. Estratégias orientadas para a criação de valor	33
1.2.2. A importância do acompanhamento da estratégia	34
1.3. Como surge a necessidade do BSC	34
1.3.1. Quem são os autores do BSC	34
1.3.2. Como se desenvolveu a metodologia BSC	35
1.4. O que propõe na prática o BSC	37
1.4.1. Como traduzir para comunicar a estratégia	37
1.4.2. Articulação entre os objectivos estratégicos	38
1.4.3. A importância da clarificação do impacto das decisões de gestão	39
1.5. O BSC na Administração Pública	39
1.5.1. A medição da *performance* na AP	39
1.5.2. Benefícios da aplicação do BSC na AP	40
1.5.3. Desafios à implementação e aplicação do BSC	41
2. Desenhar eficazmente o mapa estratégico	43
2.1. O papel do mapa estratégico	43
2.1.1. Explicar, comunicar e fazer entender a estratégia.....	43
2.1.2. Medir objectivamente a eficácia da estratégia	44
2.1.3. Analisar as causas dos desvios positivos e negativos .	45
2.2. Construção do mapa estratégico.....................................	45
2.2.1. Perspectiva dos Clientes, Financeira, Processo e Aprendizagem	45
2.2.2. Posicionamento das perspectivas na Administração Pública	47

2.2.3. Introdução dos vectores estratégicos no mapa estratégico 48
2.3. Objectivos estratégicos 55
   2.3.1. Como traduzir a estratégia para o mapa scorecard ... 55
   2.3.2. Como construir os objectivos estratégicos para as perspectivas 56
   2.3.3. Aspectos críticos a ter em conta na definição dos objectivos 58
2.4. Relações causa-efeito 60
   2.4.1. Como funcionam as relações causa-efeito 60
   2.4.2. Regras para o estabelecimento das relações causa--efeito 61
   2.4.3. Análise das relações causa-efeito 63
2.5. Mapa corporativo, da unidade orgânica e mapa individual 64
   2.5.1. Qual a melhor solução para os organismos da Administração Pública 64
   2.5.2. Quais as diferenças na implementação top-down e bottom-up 65
   2.5.3. Consistência estratégica no *cascading* 66
3. Medir os resultados da estratégia 69
3.1. Construção de indicadores de medição da performance .. 69
   3.1.1. Aspectos críticos a ter em conta na construção dos indicadores 69
   3.1.2. Tipos de indicadores 71
3.2. A definição de metas, tolerância e excelência 73
   3.2.1. Definição da frequência de acompanhamento estratégico 73
   3.2.2. Definição de metas 74
   3.2.3. Justificação da tolerância para o alerta e a excelência 75
3.3. Objectivos com mais que um indicador 76
   3.3.1. Evitar a análise subjectiva 76
   3.3.2. Avaliação da performance dos objectivos 76
   3.3.3. Modelo de scoring 77
3.4. Mapa de indicadores 79
   3.4.1. Funções do mapa de indicadores 79
   3.4.2. Modelo tipo 79
3.5. Ficha de indicador 81
   3.5.1. Funções da ficha de indicador 81
   3.5.2. Modelo tipo 81
4. Os meios para a estratégia 87

4.1. Conceito de iniciativas estratégicas 87
  4.1.1. Conceito 87
  4.1.2. Utilidade das iniciativas estratégicas na metodologia BSC 88
  4.1.3. Decomposição das iniciativas estratégicas 89
4.2. Mapa de iniciativas estratégicas 91
  4.2.1. Funções e objectivos do mapa de iniciativas 91
  4.2.2. Modelo tipo 91
  4.2.3. Acompanhamento da execução das iniciativas estratégicas 93
4.3. Impacto das iniciativas estratégicas nos objectivos 95
  4.3.1. Impacto das iniciativas na estratégia 95
  4.3.2. Espectro de impactos 95
4.4. Ligação das iniciativas ao orçamento 96
  4.4.1. Orçamento estratégico 96
  4.4.2. Processo de selecção de iniciativas 97
  4.4.3. Negociação do orçamento 98
4.5. Ficha de iniciativas 99
  4.5.1. Funções da ficha de iniciativas 99
  4.5.2. Modelo-tipo 99
4.6. Mapa de consolidação da metodologia BSC 104
5. Integração de outros modelos e ferramentas informáticas 107
5.1. SIADAP, CAF e ISO 9001 107
  5.1.1. SIADAP 107
  5.1.2. A CAF – Estrutura Comum de Avaliação 109
  5.1.3. ISO 9001 110
5.2. Tecnologias existentes no mercado 111
  5.2.1. A importância dos sistemas de informação 111
  5.2.2. Ferramentas tecnológicas 111
5.3. Principais funcionalidades das ferramentas 112
  5.3.1. Tipologia das funcionalidades críticas 112
  5.3.2. Outras funcionalidades técnicas 113
5.4. Variáveis determinantes na aquisição da ferramenta tecnológica 114
  5.4.1. Preparação para a consulta ao mercado 114
  5.4.2. Selecção dos fornecedores 115
  5.4.3. Acompanhamento do projecto de implementação 116
5.5. Alternativa às ferramentas informáticas – O Excel 116